应用型本科高校"十四五"规划经济管理类专业数字化精品教材

编委会

顾　问

潘　敏

主任委员

张捍萍

副主任委员

黄其新　王　超　汪朝阳

委　员（以姓氏拼音为序）

何　静　李　燕　刘　勋

肖华东　邹　蔚

COST ACCOUNTING

成本会计学

主 编 ◎ 张 璐 程杰贤
副主编 ◎ 霍 爽 肖 忞

华中科技大学出版社
中国·武汉

内 容 简 介

本书以成本会计基础知识为核心,以完全成本法为基础,全面、系统地阐述了工业制造业企业成本核算和分析的整套理论和方法,详细讲述了要素费用、辅助生产费用、制造费用等生产费用的归集和分配,生产费用在完工产品和在产品之间的分配,品种法、分批法、分步法等成本核算方法在不同企业的应用,以及分类法、定额法、标准成本法等辅助成本计算方法如何辅助品种法等基本成本计算方法进行成本核算和管控,详细介绍了作业成本法,以便同完全成本法进行对比学习。最后讲述了成本报表的编制和分析,以便学生能够通过成本数据掌握一定的成本分析和成本控制方法。

本书可以作为高校财务会计类各专业教材,也可以作为企业管理人员的自学参考书。

图书在版编目(CIP)数据

成本会计学/张璐,程杰贤主编. —武汉:华中科技大学出版社,2022.8
ISBN 978-7-5680-8489-5

Ⅰ.①成… Ⅱ.①张… ②程… Ⅲ.①成本会计 Ⅳ.①F234.2

中国版本图书馆 CIP 数据核字(2022)第 143979 号

成本会计学　　　　　　　　　　　　　　　　　　　　　　张　璐　程杰贤　主编
Chengben Kuaijixue

策划编辑:周晓方　宋　焱
责任编辑:黄　军
封面设计:廖亚萍
责任校对:张汇娟
责任监印:周治超

出版发行:华中科技大学出版社(中国·武汉)　　电话:(027)81321913
　　　　　武汉市东湖新技术开发区华工科技园　　邮编:430223
录　　排:华中科技大学惠友文印中心
印　　刷:武汉市籍缘印刷厂
开　　本:787mm×1092mm　1/16
印　　张:13.75　插页:2
字　　数:416 千字(含二维码数字资源内容部分)
版　　次:2022 年 8 月第 1 版第 1 次印刷
定　　价:49.90 元

本书若有印装质量问题,请向出版社营销中心调换
全国免费服务热线:400-6679-118　竭诚为您服务
版权所有　侵权必究

总　序

在"ABCDE＋2I＋5G"(人工智能、区块链、云计算、数据科学、边缘计算＋互联网和物联网＋5G)等新科技的推动下,企业发展的外部环境日益数字化和智能化,企业数字化转型加速推进,互联网、大数据、人工智能与业务深度融合,商业模式、盈利模式的颠覆式创新不断涌现,企业组织平台化、生态化与网络化,行业将被生态覆盖,产品将被场景取代。面对新科技的迅猛发展和商业环境的巨大变化,江汉大学商学院根据江汉大学建设高水平城市大学的定位,大力推进新商科建设,努力建设符合学校办学定位的江汉大学新商科学科、教学、教材、管理、思想政治工作人才培养体系。

教材具有育人功能,在人才培养体系中具有十分重要的地位和作用。教育部《关于加快建设高水平本科教育全面提高人才培养能力的意见》提出,要充分发挥教材的育人功能,加强教材研究,创新教材呈现方式和话语体系,实现理论体系向教材体系转化、教材体系向教学体系转化、教学体系向学生知识体系和价值体系转化,使教材更加体现科学性、前沿性,进一步增强教材针对性和时效性。教育部《关于深化本科教育教学改革全面提高人才培养质量的意见》指出,鼓励支持高水平专家学者编写既符合国家需要又体现个人学术专长的高水平教材。《高等学校课程思政建设指导纲要》指出,高校课程思政要落实到课程目标设计、教学大纲修订、教材编审选用、教案课件编写各方面。《深化新时代教育评价改革总体方案》指出,完善教材质量监控和评价机制,实施教材建设国家奖励制度。

为了深入贯彻习近平总书记关于教育的重要论述,认真落实上述文件精神,也为了推进江汉大学新商科人才培养体系建设,江汉大学商学院与华中科技大学出版社开展战略合作,规划编著应用型本科高校"十四五"规划经济管理类专业数字化精品教材。江汉大学商学院组织骨干教师在进行新商科课程体系和教学内容改革的基础上,结合自己的研究成果,分工编著了本套教材。

本套教材涵盖大数据管理与应用、工商管理、物流管理、金融学、国际经济与贸易、会计学和旅游管理7个专业的20门核心课程，具体包括《大数据概论》《运营管理》《国家税收》《品牌管理：战略、方法与实务》《现代物流管理》《供应链管理理论与案例》《国际贸易实务》《房地产金融与投资》《保险学基础与应用》《证券投资学精讲》《成本会计学》《管理会计学：理论、实务与案例》《国际财务管理理论与实务》《大数据时代的会计信息化》《管理会计信息化：架构、运维与整合》《旅游市场营销：项目与方法》《旅游学原理、方法与实训》《调酒项目策划与实践》《茶文化与茶艺：方法与操作》《旅游企业公共关系理论、方法与案例》。

  本套教材的编著力求凸显如下特色与创新之处。第一，针对性和时效性。本套教材配有数字化和立体化的题库、课件PPT、知识活页以及课程期末模拟卷教辅资源，力求实现理论体系向教材体系转化、教材体系向教学体系转化、教学体系向学生知识体系和价值体系转化，使教材更加体现科学性、前沿性，进一步增强教材针对性和时效性。第二，应用性和实务性。本套教材在介绍基本理论的同时，配有贴近实际的案例和实务训练，突出应用导向和实务特色。第三，融合思政元素和突出育人功能。本套教材为了推进课程思政建设，力求将课程思政元素融入教学内容，突出教材的育人功能。

  本套教材符合城市大学新商科人才培养体系建设对数字化精品教材的需求，将对江汉大学新商科人才培养体系建设起到推动作用，同时可以满足包括城市大学在内的地方高校在新商科建设中对数字化精品教材的需求。

  本套教材是在江汉大学商学院从事教学的骨干教师团队对教学实践和研究成果进行总结的基础上编著的，体现了新商科人才培养体系建设的需要，反映了学科动态和新技术的影响和应用。在本套教材编著过程中，我们参阅了国内外学者的大量研究成果和实践成果，并尽可能在参考文献和版权声明中列出，在此对研究者和实践者表示衷心感谢。

  编著一套教材是一项艰巨的工作。尽管我们付出了很大的努力，但书中难免存在不当和疏漏之处，欢迎读者批评指正，以便在修订、再版时改正。

丛书编委会
2022年3月2日

前　言

　　成本是商品经济的产物,是商品经济中的一个经济范畴,是商品价值的主要组成部分。成本的内容往往要服从于管理的需要。此外,由于从事经济活动的内容不同,成本含义也不同。随着社会经济的发展,企业管理要求的提高,成本概念和内涵都在不断地发展、变化,人们所能感受到的成本范围逐渐地扩大。

　　现代成本会计是会计学的一个重要分支,它是以提高经济效益为目的,运用财务会计方法对企业生产经营管理中的成本及相关费用进行核算和监督的一种管理活动,通常也被称为成本管理会计。基于企业相关信息,进行成本预测、优化成本决策,进行成本核算、提供成本信息,加强成本控制、实现经营目标,开展成本分析考核、提供决策依据,是现代成本会计的核心内容。及时准确的成本核算信息,不仅有利于提高企业经营效益,对社会经济发展目标的实现也具有积极意义。

　　为了满足地方高校财会专业教师和学生的教学需求,编者以最新《企业会计准则》及《企业会计制度》为依据,吸收了我国会计工作和会计教学的实践经验以及同类教材的优点,立足于应用型"一流专业"的培养目标,结合编者多年理论研究与教学实践经验,精心编写了这本《成本会计学》教材。与其他教材相比,本书具有以下特点。

　　一是与地方高校应用型"一流专业"培养目标相适应。本教材在教学目标设计、教学内容安排、教材形式与表述方面,均对应用型"一流专业"培养目标有所体现,特别突出案例在教学中的核心地位,为应用型"一流专业"培养奠定基础。

　　二是内容通俗易懂,对教学非常友好。本教材在成本会计学知识技能教学设计方面颇为用心：一方面，采用渐进式的内容设计，有利于教师教授的同时也便于学生自我学习；另一方面，本教材对章节学习目标、重难点以及情感目标的设计清晰易懂，能够吸引读者兴趣，同时课后习题与章节内容匹配度较高，采用经典案例，针对性较强，有利于学生课后对相关内容的巩固学习。

三是采用数字教材形式，有利于学生拓展学习。本教材以二维码形式在教材正文中嵌入相关知识内容，使得纸质教材与信息技术相融合，丰富了教材知识的表达形式，也在一定程度上拓展了学生学习的深度及广度。

本教材全面介绍了成本会计学的基础理论和基本方法。本教材共分为九章，包括：总论、成本核算的原理、生产费用的归集与分配、生产费用在完工产品和在产品之间的分配与核算、产品成本计算方法概述、产品成本计算的基本方法、产品成本计算的辅助方法、作业成本法和成本报表与成本分析等内容。

此次编写工作由张璐副教授、程杰贤副教授担任主编，霍爽博士、肖忞博士担任副主编。各章分工为：第一、二、五章和第六章的第二、三节以及第七章第一节由张璐负责编写，第三、四章和第六章第一节由程杰贤负责编写，第七章的第二、三节和第八章由霍爽负责编写，第九章由肖忞负责编写。本书在编写过程中，得到了江汉大学"城市圈经济与产业集成管理"学科群经费支持，在此表示感谢！由于时间和编者水平所限，书中难免有疏漏不妥之处，敬请读者批评指正，以便进一步修订和完善。

程杰贤
2022 年 2 月

目 录

第一章　总论 ... 1
- 第一节　成本的内涵　2
- 第二节　成本会计的产生与发展　5
- 第三节　成本会计与财务会计、管理会计的关系　7
- 第四节　成本会计的对象与职能　8
- 第五节　成本会计工作的组织　10

第二章　成本核算的原理 ... 14
- 第一节　成本核算的意义和原则　15
- 第二节　成本核算的要求　18
- 第三节　成本核算的一般程序和主要会计科目　21

第三章　生产费用的归集与分配 ... 26
- 第一节　要素费用的归集与分配　27
- 第二节　辅助生产费用的归集与分配　40
- 第三节　制造费用的归集与分配　47
- 第四节　废品损失和停工损失的核算　51

第四章　生产费用在完工产品和在产品之间的分配与核算 ... 61
- 第一节　在产品的核算　62
- 第二节　生产费用在完工产品和在产品之间分配的主要方法　63
- 第三节　生产费用在完工产品和在产品之间分配的其他方法　72

第五章　产品成本计算方法概述 ... 78
- 第一节　企业的生产类型及特点　80
- 第二节　生产特点和管理要求对产品成本计算的影响　81
- 第三节　产品成本计算的基本方法和辅助方法　83

第六章　产品成本计算的基本方法 ... 86
- 第一节　品种法　88
- 第二节　分批法　96

第三节　分步法　104

第七章　产品成本计算的辅助方法　128
第一节　分类法　129
第二节　定额法　136
第三节　标准成本法　144

第八章　作业成本法　169
第一节　作业成本法的概念　171
第二节　作业成本的计算　175

第九章　成本报表与成本分析　188
第一节　成本报表　189
第二节　成本分析基本原理　195
第三节　成本报表分析　201

参考文献　210

后记　211

第一章　总　　论

◇ 学习目标

成本是企业实现价值最大化的重要因素。本章要求掌握成本的内涵,了解成本会计的产生和发展,掌握成本会计和财务会计、管理会计的联系和区别,熟悉成本会计的职能及组织工作。

1. **知识目标**

掌握成本会计的内涵、成本会计与管理会计的联系和区别。

2. **能力目标**

掌握不同企业成本会计工作的组织设计。

3. **情感目标**

了解成本在企业经营和经济发展中的重要性。

◇ 学习重难点

1. 成本的内涵。
2. 不同企业成本会计工作的组织设计。

◇ 本章关键词

成本会计;理论成本;成本会计的职能;成本会计机构

◇ **导入案例**

2021年11月9日,祖名豆制品股份有限公司发布关于部分产品价格调整的公告。公告称,鉴于各原辅材料、人工、运输、能源等成本持续上涨,为更好地向经销商、消费者提供优质产品和服务,促进市场及行业可持续发展,经公司研究并审慎考虑后决定,对部分植物蛋白饮品(主要是自立袋豆奶)的出厂价进行上调,出厂价上调15%~20%不等,新价格自2021年11月15日起正式执行。

思考:根据上述资料,请问你觉得产品成本包含哪些内容?

■ **资料来源**:深圳证券交易所网站

二维码1-1
祖名豆制品股份有限公司关于部分产品价格调整的公告

第一节 成本的内涵

作为一个价值范畴,成本在现代经济生活中占据极为重要的地位,对企业来说,成本是企业实现价值最大化的重要因素,是商品的价值度量,是企业制定商品价格的重要基础;对国家来说,是反映宏观经济质量的价值尺度之一,是国民经济的微观基础之一,是国家进行宏观调控的重要杠杆之一。科学管控企业成本,有效降低企业成本,是提高企业经济效益的重要手段,是推动国家经济发展的有效途径。

一、成本的经济内涵

(一)理论成本

成本是商品经济的产物,是商品价值的主要组成部分。马克思在《资本论》中曾对成本的概念进行过科学分析:按照资本主义方式生产的每一个商品的价值(W),用公式来表示是

$W=c+v+m$。如果我们从这个商品价值中减去剩余价值 m，那么，在商品价值中剩下的就只是一个在生产要素上耗费的资本价值（$c+v$）的等价物或补偿价值，只是补偿商品使资本家自身耗费的部分。对资本家来说，这就是商品的成本价格。根据马克思的理论，成本的经济内涵由物化劳动和活劳动中必要劳动的价值所组成，补偿的是所消耗的生产资料价格和劳动力价格。

我国目前实行的是社会主义市场经济体制，虽然有别于西方国家的资本主义市场经济体制，但同属于商品经济。既然社会主义市场经济也是商品经济，那市场经济中的企业就必须通过提供商品、获得收入来补偿自己在生产经营过程中的各种耗费，并取得盈利，从而实现企业和社会的持续发展。因此，商品价值、成本、利润等经济概念，在社会主义市场经济中依然存在。

在社会主义市场经济中，商品价值同样由三部分构成：一是已耗费的生产资料转移的价值（c）；二是已耗费的劳动者为自己劳动所创造的价值（v）；三是已耗费的劳动者为社会劳动所创造的价值（m）。从理论上来看，前两部分，即 $c+v$，是商品价值中的补偿部分，也就是社会主义市场经济体制下成本的经济内涵，也称作"理论成本"。

（二）实际成本

马克思对商品成本从理论上进行了概括，商品成本是商品价值的前两部分。在社会经济活动中，经济发展复杂多变，企业活动种类繁多，各个国家的法律法规会对成本开支范围进行规定，企业在成本核算时也会根据实际情况考虑各种各样的因素，因此，实际成本和理论成本在概念和范围上有一定差异。

成本的开支范围由国家在相关法律法规中予以规定，各企业要严格遵守。国家为了敦促企业加强经济责任，节能降耗，尽量减少生产损失，将一部分劳动者为社会创造的价值计入了产品成本，将一些与产品价值无关的损失性支出也计入了产品成本，比如财产保险费、废品损失、停工损失等。因此，产品的补偿成本和理论成本 $c+v$ 之间就出现差异，从而出现了产品的实际成本。

企业在根据国家相关法律法规进行成本核算的时候，要将实际成本具体化、对象化。要计算产品的全部成本，必须根据成本核算制度，选择一定的核算标准、分配标准。比如根据我国现行会计法律法规的相关规定，工业企业采用制造成本法计算产品成本，企业在产品生产中所发生的全部耗费进一步划分为产品制造成本和期间费用两大部分。产品制造成本是指企业为制造产品而发生的各项成本。期间费用是指与制造产品没有直接联系的成本，比如管理费用、销售费用、财务费用等。

二、成本的经济意义

作为商品经济的产物，成本在经济社会中具有相当重要的经济意义。

（一）成本是补偿生产耗费的标准

为保证企业的正常生产经营，企业必须对耗费的物化劳动和活劳动进行补偿。在社会主义市场经济中，不管是国有企业还是民营企业，都是自负盈亏的独立单位，其对生产经营过程中耗费的生产资料、支付的职工薪酬等都要通过自身的经营所得来给予补偿。成本是补偿生产耗费的标准，如果企业补偿标准和成本相等，则在其他条件不变的情况下，企业可以维持原有的生产规模；如果企业实际补偿标准小于成本，则在其他条件不变的情况下，企业就只能缩减生产规模才能继续生产；而在原材料价格上涨、人工成本上升、租金上涨等条件下，企业就必须以高于原有成本的标准补偿才能维持原有的生产规模。因此，成本是企业进行价值补偿的标准，对企业的生存和发展有着重要的影响。

（二）成本是制定产品价格的基础

产品价格是产品价值的货币表现，在激烈的市场竞争环境下，企业在进行产品销售时，产品价格的制定是影响企业销售的关键因素。企业在制定产品价格时既要遵循价值规律，也要兼顾国家政策、行业竞争、产品供求等多种因素。产品价值的确定在目前仍然是一个难题，因此，成本就成为制定产品价格的重要基础。准确的成本核算，可以有助于成本管控，将在一定程度上提高产品价格的竞争力。

（三）成本是企业工作质量的反映

成本可以在一定程度上反映企业各项工作的业绩情况，从设计部门到采购部门、从生产部门到销售部门等，产品设计是否合理、原材料购置是否质优价廉、生产组织是否科学合理、资源消耗是否降低、生产效率是否提高、各环节工作是否协调等，都在产品的成本中予以反映。因此，成本就成为企业工作质量的反映。企业可以将成本分解到各个部门，通过对成本的计划、控制、监督等来促进各部门提高工作质量，降低产品成本，提升产品竞争力，最终提高企业经济效益。

（四）成本是企业经营决策的依据

在激烈的市场竞争中，企业必须在瞬息万变的市场中把握好经营方向，及时调整经营决策，而要做出正确的经营决策，需要考虑国家政策、行业发展、竞争对手、生产能力等众多因素，其中成本是企业对自身生产经营进行判断的重要因素。在其他因素确定的情况下，成本是决定企业利润的关键因素，甚至是决定企业生存的关键因素。而生产哪种产品，每种产品生产多少，是否上新的生产工艺，部分零部件是自制还是外购，原材料何时采购、采购多少，是否搬迁生产车间到新地址等，这些都需要成本数据来帮助管理者做出决策。

第二节　成本会计的产生与发展

马克思曾说过，"经济越发展，会计越重要"。随着经济的不断发展，企业各利益相关者对会计的需求也日益多样化，成本会计逐步形成并不断发展。

一、成本会计的产生（19世纪80年代至20世纪20年代）

目前学术界对成本会计的产生时间尚未有完全统一的观点，但是大多数学者认为，成本会计产生于19世纪80年代左右。随着英国率先开始工业革命，西方其他国家也先后开始了工业革命。工业革命为企业带来了巨大的技术进步，机器化大生产逐步在西方各国得以推广和普及，企业规模也进一步扩大，购买机器设备需要耗费大量的资金，机器化大生产使间接成本在产品成本中的占比日益增加，生产工艺的复杂化使间接成本的分配又变得日益困难。另外，市场竞争的日益激烈，又要求企业提高成本计算的准确性。因此，生产成本开始逐步进入企业管理者的视野，并得到较大的重视和支持。在会计人员的探索和努力下，成本核算从统计核算逐步向复式簿记系统转移，利用会计账户、借助复式记账原理，成本记录与会计记录逐步结合，成本会计逐步形成。

这一时期的成本会计有了较大的发展，材料核算、人工成本核算、分批法和分步法等成本核算方法和原理产生，构成了现代成本会计理论的基础。

二、成本会计的发展（20世纪20年代至50年代）

随着西方国家先后完成工业革命，企业所处的技术环境和经济环境等也发生了深刻的变化，企业规模日益扩大，行业内各企业分工日益细化，企业内部产品生产日益流程化、标准化、精细化。企业管理的重要性逐步凸显出来，单纯的核算型成本会计已不能满足企业的需求。因此，为服务机械化程度、标准化程度日益提高的产品生产，为满足重化工业和劳动分工细化的需求，伴随着科学管理理论的萌芽和诞生，成本会计的发展取得了较大的突破。

一是标准成本制度。标准成本最早是由英国的E.加克和J.M.费尔斯提出的，后来美国的工程师H.埃默森倡导了标准成本的应用。标准成本制度要求把对成本的控制从事后转变到事前，在产品生产前就制定成本标准，根据这一标准来控制材料、人工等的消耗，并定期分析实际成本和标准成本之间的差异。这样，成本会计的职能就不仅仅是核算，进一步发展出控制成本、降低成本等职能。

二是预算控制方法。随着标准成本制度的确立,预算编制也逐步完善和系统化,成为控制成本的有效方法。1921年,美国国会公布了《预算和会计法案》;1922年,芝加哥大学麦金赛教授出版了《预算控制》一书,美国全国成本会计师协会以"预算编制和使用"为专题展开研究;等等。预算控制相关理论快速发展,从销售预算、现金预算等单项预算逐步向全面预算发展,从固定预算逐步发展到弹性预算。

三是目标成本方法。20世纪50年代,美国管理学家彼得·德鲁克在其所著的《管理实务》一书中首次提出目标管理理论。伴随着目标管理理论的发展和应用,目标成本理论也逐步产生并发展。目标成本在产品设计之前就根据市场情况确定,企业根据目标成本来进行产品设计、产品生产。在企业的实务操作中,日本企业的成本企划是对目标成本这一成本管理控制方法的应用和发展。这一方法认为,产品成本的大部分在设计开发阶段就已经确定下来了,降低成本要从设计开发阶段入手,通过目标价格、目标利润来核算目标成本,从而在设计开发阶段实现成本优化。基于目标成本理论,成本企划将经济问题和技术问题相结合,将产品成本的管控从生产阶段前移至设计开发阶段,促使成本会计向管理会计方向实现了大的发展。

知识活页

二维码1-2

拓展阅读:丰田汽车成本企划实施案例分析

三、成本会计面临的冲击和机遇(20世纪50年代至今)

第二次世界大战以后,全球经济出现了较长时期的快速发展,经济发展先后经历了工业化、信息化等不同阶段,技术进步呈现快速发展,生产方式自动化程度日益提高,生活方式发生重大变化,产品种类日益繁多。在这种背景下,企业的经营方式、管理方式等都在发生变化,这种变化对成本会计的理论基础和计量模式产生了一定的冲击,也给成本会计的发展带来了新的机遇。

从20世纪50年代开始,随着全面质量管理、战略管理、业绩评价、价值链管理、供应链管理等新的管理理念和方法不断涌现,经济社会和生态环境的和谐发展日益成为各国的共同选择,传统的成本会计核算模式暴露出较多不足。在新的管理理论和企业经营方式等多种因素的影响下,成本会计出现了新的发展方向,作业成本法、质量成本、环境成本等概念和方法相继出现。目前,在西方国家,很多企业都采用作业成本法对产品成本进行核算,借助成本动因理论来对间接费用进行归集和分配,通过成本企划将成本控制提前到研发阶段,通过变动成本和固定成本的明确划分来进一步将成本信息和企业经营战略等相结合,通过质量成本来进一步提升企业质量管理,通过环境成本来进一步促进人和自然的和谐发展。

虽然成本会计发展出了很多新理论,这些理论和成本会计实践的结合日益丰富了成本会计的内容,但尚未形成一套公认的新的成本会计核算体系。因此,建立一个满足现代社会复杂需求的成本会计核算体系,是当前以及今后的一项重要课题。

第三节 成本会计与财务会计、管理会计的关系

会计学从20世纪50年代开始逐步发展为财务会计和管理会计两大分支,财务会计也称为对外会计,主要依据会计准则等相关法律法规披露企业财务信息,为企业的相关信息使用者在进行相关决策时提供依据;管理会计也称为对内会计,主要是企业根据内部需要提供相关财务及非财务类信息,为管理者做出投融资决策、生产决策、营销策略、战略转型等经营决策提供依据。成本会计与财务会计、管理会计都存在较为密切的关系,其与财务会计和管理会计的结合体现在不同方面。

一、成本会计与财务会计的关系

成本会计的产生,是成本核算逐步与财务会计账簿系统相结合的过程。成本核算通过与财务会计的复式记账原理相结合,利用会计账户反映材料、人工、费用等消耗,并将材料、人工等的价值转移也在会计账户中予以反映,通过会计恒等式来核查会计成本核算的准确性。因此,成本会计在产生之初,是和财务会计紧密结合在一起的,是根植于财务会计系统内部而慢慢发展起来的。

从属于财务会计而发展起来的成本会计,其所提供的成本会计信息在计量属性等会计理论方面都是和财务会计保持一致的,依据准则需要对外披露的信息和财务会计也是保持一致的。从会计循环系统来讲,成本会计核算出来的相关数据,是财务会计账务处理、财务报表编制的必要环节。比如,生产成本、制造费用、库存商品、管理费用等账户,财务会计在进行相关经济业务的复式记账时,不仅仅要将其记入正确的会计账户,还要根据成本会计核算原理对这些账户在一定会计期间的增减变动额予以计算,随后再进入会计报表。因此,成本会计是财务会计理论体系不可分割的组成部分,既为财务会计服务,又自成一体,是企业会计的重要内容。

二、成本会计与管理会计的关系

随着管理理论的不断发展,管理会计逐步从财务会计中独立出来,成为和财务会计并列的一个分支。财务会计主要负责对外提供财务信息,满足外部信息使用者的需求,管理会计主要负责对内提供相关信息,满足企业管理者经营决策的需求。由于借助于财务会计核算系统进行成本核算,成本会计一开始主要为财务会计服务,但随着管理会计的日益发展,成本会计与管理会计的联系也日益紧密。标准成本法、目标成本法、作业成本法等理论既包含以核算为主的成本会计内容,也包含以成本管控甚至企业管理为主的管理会计理念,很多高校将成本会计和管理会计合并为一门课。因此,成本会计和管理会计的关系也日益变得密不可分,企业的成本会计信息成为管理会计信息的重要组成部分,是管理会计在做出经营决策时必须要考虑的因素之一;管理会计的新理论、新发展为成本会计提供了新的发展契机。

第四节 成本会计的对象与职能

一、成本会计的对象

成本会计的对象是成本会计反映和监督的内容。根据成本的内涵可以发现,成本会计反映和监督的内容即成本所涵盖的内容。在企业的实际经营业务活动中,根据现行会计法规、会计准则、会计制度等,成本会计的对象在不同行业、不同企业会有所差异。下面以工业制造业企业为例,分析成本会计的对象。

工业制造业企业的生产经营活动主要包括采购、生产、销售等不同环节,采购过程中会购置机器、厂房、原材料等,这些资产在经过生产环节之后,其价值就转移到了产品中。因此,固定资产、原材料等资产的购置价格、购置过程中产生的相关费用等都属于成本会计的研究对象。在产品的生产过程中,既要投入原材料、辅助材料等,也要耗费固定资产、无形资产等,还要耗费人工。其中,原材料等在投入生产阶段后部分或全部改变了其原有形态或性能;房屋、机器等固定资产在生产中长期提供服务,其价值随着资产的磨损以计提折旧的方式转移到产品中去;专利技术等无形资产也是长期提供服务,其价值以计提摊销的方式转移到产品中去;生产车间的保险费、水电费等费用伴随着产品生产而发生,以分配计入的方式进入到产品中去;生产过程中劳动工人进行了价值创造,支付给劳动工人的工资即人工费用,以直接计入或分配计入的方式进入到产品中去。总的来看,生产过程中产生的原材料、辅助材料、燃料等的消耗,固定资产折旧,无形资产摊销,保险费等货币支出,劳动工人的工资等薪酬支出,这些耗费共同构成了产品成本。成本会计要对上述这些耗费和支出进行反映和监督,属于成本会计研究对象的主要内容。

企业为筹措资金,会产生利息支出、手续费、汇兑损失等,这些费用即财务费用;企业为组织产品生产,需要行政管理部门进行相关的管理工作,进而会产生行政管理人员薪酬支出、办公费用、固定资产折旧、保险费等多种费用支出,这些费用即管理费用;产品进入销售阶段后,企业为了将产品销售出去,会发生各种各样的费用支出,比如销售机构的职工薪酬、广告费、办公费、差旅费、展览费、包装费等,这些费用即销售费用;财务费用、管理费用、销售费用虽然不计入产品成本,却是维持企业正常经营运作所必需的费用支出,构成了企业的期间费用,直接计入当期损益,是企业在进行成本管理、利润核算时需要重点关注的内容。因此,这三大费用也是成本会计需要研究的对象。

综上所述,对工业制造业企业来说,成本会计的对象是企业生产经营过程中发生的产品生产成本和期间费用。除了工业制造业企业,还有商品流通企业、现代服务企业、交通运输企业、建筑施工企业、农业企业等多种类型企业,这些类型企业的生产经营过程或多或少比工业制造业企业略微简单一些,但其经营过程中产生的各种费用支出,也是部分计入产品或服务的成本中去,部分作为期间费用直接计入当期损益。因此,对全部企业来说,成本会计的对象是企业生产经营过程中发生的生产经营业务成本和期间费用。

上述对于成本会计对象的分析主要是从财务会计的角度展开的,正如前面所谈到的,成本会计既为财务会计服务,也和管理会计有着密不可分的关系。因此,从现代大会计的视角来看,成本会计的对象既包括企业的生产经营业务成本和期间费用,即财务成本;也包括为企业内部经营管理的需要所计算的变动成本、机会成本、可控成本等,即管理成本。

二、成本会计的职能

成本会计作为会计的一个分支,其基本职能同样是反映和监督。随着经济的不断发展,各行各业的市场竞争日趋激烈,企业的生产经营活动也日益复杂,对企业生产经营管理的要求也日益提高,成本会计职能的内涵也在不断扩展和深化。

(一)反映职能

成本会计的首要职能是反映职能。反映职能是对企业在生产经营过程中所发生的各种费用支出,以及经营业务成本和期间费用的形成进行反映,通过对费用支出的记录和核算,为企业管理者和外部信息使用者提供真实、可靠的成本信息。

随着经济的发展,竞争的加剧,仅仅反映已经发生的费用支出已不能满足企业内部管理和外部信息使用者的需求,成本会计资料要能够帮助企业管理者对未来的经营做出决策,要能够帮助外部信息使用者对企业未来经济活动的趋势做出判断。简要来说，既要反映历史信息，也要有助于对未来的发展做出一定的预测。

（二）监督职能

成本会计的监督职能是在反映职能的基础上，通过规划、控制、分析、考核等方法，对企业经营过程中的各项费用支出进行监督，以实现成本规划、成本控制、成本分析、成本考核等分项目标，实现企业成本管理的总体目标。

随着成本会计理论的发展，企业在日常经营管理活动中，成本控制、成本管理等工作从生产阶段向外扩展，逐步渗透到研发阶段、采购阶段、销售阶段等企业生产经营的全过程，研发阶段所确定的产品设计往往决定了80%的产品成本，采购阶段、销售阶段都影响企业的整体成本。成本会计的监督不仅仅是对已经发生的成本支出进行事后监督，还要对可能产生的成本、正在发生的成本进行监督，即事前监督和事中监督；不仅仅是对生产阶段的费用支出进行监督，还要对研发阶段、采购阶段、销售阶段等进行监督，即对成本实施全流程的监督和管理。因此，监督职能在内涵、时间、空间等方面都有较大的扩展和深化。

总的来看，成本会计在反映和监督这两项基本职能的基础上，其职能不断延伸和扩展，以适应生产、经营对成本会计的新要求。两大职能要紧密结合，互为补充，从而发挥成本会计的作用。

第五节　成本会计工作的组织

为更好地开展成本会计工作，更好地发挥成本会计的职能，企业的成本会计工作要有科学的组织架构、专业的人员团队和合理的成本会计制度。在成本会计机构的主导下，在各业务部门的支持配合下，将核算成本、成本责任等贯穿生产经营的全过程，从而完成成本会计的目标，提高企业的经济效益。

一、成本会计机构

成本会计机构是企业为开展成本会计工作而设置的组织机构。通常情况下，大中型企业会单独设置成本会计机构，或者在会计部门设置成本会计科室；在小微企业，因业务量较小、会计人员不多，一般在会计部门指定专人负责成本会计工作。同时，在企业的部分职能部门和生产车间，根据需要也会设置专职或兼职的成本会计人员，甚至成本会计工作组。根据企业规模的大小,企业内部成本会计部门和其他职能部门之间的组织分工,可以分为集中工作和非集中工作两种基本方式。

集中工作是指厂部成本会计机构负责全部的成本会计工作,车间等其他业务部门一般只负责原始记录和原始凭证的填制、审核、整理和汇总。这种工作方式便于厂部成本会计管理机构掌握全面的成本会计信息,便于集中进行成本会计数据、资料的核算和处理,便于减少核算层级,还可以减少成本会计人员。但是这种工作方式不利于车间等业务部门掌握相关的成本会计信息,不利于业务部门控制成本、承担各自的成本责任。

非集中工作是指成本会计工作由企业根据组织结构分层级完成。车间等一线业务部门负责各部门支出的计划、控制、核算和分析等,由这一层级的成本核算员或负责成本会计工作的人员完成;厂部成本会计机构主要负责成本数据的汇总,处理不便于业务部门完成的成本会计工作,对业务部门的成本会计工作进行考核、指导和监督,对成本进行预测和决策。非集中工作方式可以更好地使各业务部门参与到成本会计工作中来,更好地将成本工作与企业的生产经营过程相结合,便于各业务部门降低成本、管理成本。但是这种方式需要较多的成本会计人员,增加了成本核算的层级。

这两种工作方式各有利弊,企业要根据自身情况进行选择,大中型企业由于规模大、组织结构复杂,各业务部门责任重大,因此采用非集中工作方式能够更好地对业务部门进行成本控制,各业务部门也会更有责任心和积极性;小微企业由于规模小、组织结构简单,采用集中工作方式能够更加高效地完成成本会计工作。

二、成本会计工作人员

在成本会计机构中,配备职业道德、专业技能、工作能力等各方面都优秀的成本会计人员是顺利开展成本会计工作的根本。

由于所处岗位的特殊性,成本会计人员要具备优秀的职业道德,在工作中能够坚持原则、实事求是。成本会计人员从属于会计人员,我国对于会计人员的职业道德规范散见于各相关会计法规中,《会计法》和《会计基础工作规范》对会计人员职业道德做出了明确规定。爱岗敬业、诚实守信、廉洁自律、客观公正、坚持准则、提高技能、参与管理和强化服务是任何岗位的会计人员都要遵守的道德规范。

由于企业所处经济环境的多变性和复杂性,成本会计人员不仅要具备过硬的专业技能和突出的工作能力,还要有一定的业务知识。业财融合是现今会计行业发展的一大趋势,这一趋势在成本会计领域表现得更为明显,不管是集中工作方式还是非集中工作方式,从事成本会计工作的人员基本上都有会计相关专业背景,但随着作业成本法、目标成本法、价值链管理等理念在企业的实际运用,仅仅掌握会计和财务管理的相关知识已经不能满足成本会计工作的需求,成本会计人员要对企业所处的行业、企业所生产产品的生产工艺、企业各业务部门的业务范围、企业的经营管理等都较为熟悉,这样才能将成本会计工作融入生产经营的全过程,才能真正做好企业各部门、各环节、全企业的成本会计工作。从职责上来看,成本会计人员主要有以下几项:编制成本计划和费用预算,对各业务部门上报的费用进行分析、考核;进行会计核算,根据实际发生的业务活动,编制记账凭证、登记账簿、计算各项成本和费用支出,核对相关账簿,编制成本报表;实行会计监督、参与企业经营,对各业务部门的费用支出情况、成本执行情况等进行监督,根据所掌握成本信息情况对企业的经营决策提出建议,监督企业成本计划和相关制度的执行情况;等等。

三、成本会计制度

成本会计制度是成本会计机构开展工作的规范和具体依据,除了《会计法》和《企业会计准则》外,我国还专门制定了《企业产品成本核算制度(试行)》等制度。

企业应按照国家的法律、法规和制度来制定企业内部成本会计制度,从而根据成本会计制度进一步开展成本会计工作。成本会计制度一般包括如下内容:

(1) 关于编制、执行企业产品成本预算,对执行情况进行分析、考核,落实成本管理责任制,加强对产品生产事前、事中、事后的全过程控制,加强产品成本核算与管理各项基础工作的制度。

(2) 关于产品成本核算对象的制度。

(3) 关于产品成本核算项目和范围的制度。

(4) 关于产品成本归集、分配和结转的制度。

(5) 关于编制成本报表的制度。

(6) 其他有关成本会计的制度。

成本会计制度是指导企业开展成本会计工作的依据,要以国家相关法律、法规和制度为基础,根据企业实际情况,深入车间等一线业务部门,通过充分的调研,在掌握大量资料和数据的基础上进行成本会计制度的制定工作。在实施过程中,要认真贯彻执行,当出现新的变化时,要及时对制度进行修订和完善,以适应企业的实际情况,并保证成本会计制度的科学合理。

◇ **练习与思考**

一、客观题

二维码 1-3

客观题

二维码 1-4

客观题答案

二、思考题

1. 如何理解成本的内涵？
2. 如何理解成本会计和管理会计、财务会计的关系？
3. 如何理解成本会计的职能？
4. 试述成本会计的发展历程和发展趋势。

二维码 1-5
思考题
答题思路

◇ **本章知识链接**

1. 企业产品成本会计编审委员会. 企业产品成本会计核算详解与实务[M]. 北京：人民邮电出版社，2020.

2. 查尔斯·T·亨格瑞，斯里坎特·M·达塔尔，马达夫·V·拉詹. 成本与管理会计[M]. 15 版. 王立彦，刘应文，译. 北京：中国人民大学出版社，2016.

第二章 成本核算的原理

◇ **学习目标**

本章要求了解成本核算的意义和原则,熟悉成本核算的要求,掌握成本核算的一般程序和主要会计科目。

1. **知识目标**

掌握成本核算的程序和方法。

2. **能力目标**

根据企业进行费用分类。

3. **情感目标**

将生态文明建设和企业成本控制相结合。

◇ **学习重难点**

1. 成本的核算程序。
2. 费用的分类。

◇ **本章关键词**

成本核算;直接成本;间接成本;成本核算程序

◇ 导入案例

2021年1月26日,福建省闽发铝业股份有限公司发布业绩预告,预计2020年归属于上市公司股东的净利润在6 304.48万元至7 313.19万元之间,同比增长25%～45%;基本每股收益盈利0.06～0.08元。业绩变动的主要原因是:工业铝型材、建筑铝型材及铝模板销售量同比去年增加,利润相应增加;公司推行阿米巴成本核算系统,强化成本控制,提升经济效益;公司报告期内非经常性损益约1 763万元,比去年同期增长51%,主要系政府补助增加所致,报告期内收到的政府补助金额约1 248万元。

思考:成本核算办法、成本控制对于企业业绩有什么影响?

■ 资料来源:深圳证券交易所网站

二维码2-1 福建省闽发铝业股份有限公司2020年度业绩预告

第一节 成本核算的意义和原则

产品成本是企业在产品生产过程中各种费用支出的总和,是企业在做出生产经营决策时需要重点考虑的因素,是企业实现价值最大化需要重点关注的因素。

一、成本核算的意义

成本核算是企业制定价格、进行价值补偿的重要标准,也是企业改善经营管理、反映资源耗费情况和成本计划执行情况的重要依据。除此之外,在当前竞争日益激烈的市场环境下,企业能否进行正确的成本核算,对企业乃至整个社会都具有至关重要的意义。

(一)成本控制与资源节约

在现今的经济社会中,各行各业普遍存在的一个问题是,如何实现对稀缺资源的最大化利用,即如何通过有限的资源实现最大的产出。另外,伴随着环境污染和不可再生资源的日渐减少,成本控制和资源节约成为企业需要考虑的主要问题。企业要进行成本控制和资源节约,首先要对产品成本进行正确的核算,只有通过成本核算提供真实、可靠、及时的成本信息资料,企业才能对成本进行有效的控制,才能使有限的资源发挥最大的价值,从而实现资源节约。

(二) 低成本战略

在当前经济社会环境中,技术更新速度快、产品升级换代频率高,一项技术从被研发出来到被大多数企业应用需要的时间越来越短,而研发出远远领先于竞争对手的产品和技术,取得长久的产品优势和技术优势也越来越难。这一现象导致企业在推出新产品后,同行其他企业在较短的时间内就能推出同类型产品,成本往往成为决定企业竞争力的关键因素。因此,低成本战略成为众多企业的选择,很多企业在技术不能取得实质性突破的情况下,在研发阶段致力于降低成本,通过更换产品生产地等各种办法来降低产品成本。而低成本战略的实施离不开成本核算,只有依靠成本核算的相关资料和数据,企业才能够有针对性地实施低成本战略。

二、成本核算的原则

成本会计作为会计学的一个分支,在进行成本核算时首先要遵循会计核算的基本前提和信息质量要求,再结合成本会计的特点具体展开。成本核算的主要原则如下。

(一) 合法性原则

企业在进行成本核算时,所计入产品的成本必须符合国家的法律、法规和制度,不能违反相关法律法规对成本核算的相关要求。比如,对于不同支出要根据准则要求正确予以费用化或者资本化,对于计入产品成本和期间费用的划分要符合法规要求,等等。

(二) 历史成本计价原则

成本核算是成本会计最核心的内容,企业在进行成本核算时要遵循历史成本计价原则,也即实际成本计价原则。首先,对生产所耗费的各类材料都要以实际耗费数量为基础进行计价,不管采用实际成本法还是计划成本法,最终计入产品成本的都是实际价格。其次,对固定资产按历史成本计价,结合产品使用固定资产的实际情况选择合适的折旧方法计入产品成本。再次,对完工产品按实际成本计价,根据实际耗费计入产品成本,即使选择定额法等辅助方法核算产品成本,也要将定额成本和实际成本的差异明确体现出来,并将差异计入产品成本,使产品成本最终为实际成本。

(三) 成本分期原则

会计分期属于会计理论的基本前提之一,在此基础上,企业对收入、成本、费用、利润等的核算都是按照一定的会计期间来进行的。但是,不同产品的生产周期存在较大差异,企业在进行成本核算时既要考虑会计分期这一基本前提,对每月、每个季度、每年的费用支出等进行记录和核算,但也要考虑产品的实际生产周期,在计算完工产品成本时以实际生产周期来决定何时结转完工产品成本。

(四) 重要性原则

企业在生产经营过程中会发生各种各样的费用支出,根据成本会计理论,成本核算方法有很多种,在归集各业务部门、各产品费用开支时,在选择成本核算方法时,既要严格遵守相关会计法律、法规、准则等规定,又要根据费用支出的重要程度灵活进行账务处理;既要保证成本核算的正确性、真实性,又要减轻成本核算的工作量,提高成本核算的速度。

(五) 可比性原则

成本会计理论中包含较多的成本核算方法,企业通常根据自身特点和管理要求,选择适合企业自身需求的成本计算方法。为便于企业和外部信息使用者基于相关成本信息进行决策,为更好地利用成本信息进行趋势分析、比较分析,成本计算方法不得随意变更。如因情况发生变化等确需变更的,要在相关报告中予以说明,并对原成本信息中的有关信息进行必要的调整。

(六) 权责发生制原则

权责发生制原则是会计学的理论基础,是指按照收入和费用是否应该归属于本期作为确认依据,而不考虑收入和费用是否实际收到或支出,不应归属于本期的收入和费用,即使款项已经收到或支出已经支付,也不应算作本期的收入和费用。成本会计主要是对每期发生的费用支出进行归集和分配,按照一定的方法计入产品成本或期间费用,正确运用权责发生制对每期发生的费用支出进行分析确认,将应计入的费用计入本期,将不应计入本期的费用支出按其受益期计入对应期间。

第二节 成本核算的要求

一、成本的开支范围

企业在生产经营过程中发生的费用支出是多种多样的,根据费用的内容和加强企业经营管理的要求,国家在相关的财经法规中对成本开支范围有明确的规定,下述是国家规定的主要成本开支范围:为制造产品而消耗的原材料、辅助材料、外购半成品和燃料的原价和运输、装卸、整理等费用;为制造产品而耗用的动力费;企业支付给职工的工资、福利费等;生产用固定资产折旧费、修理费和低值易耗品的摊销费用;企业因生产原因而发生的废品损失,以及季节性等原因而发生的停工损失;企业因管理和组织生产而支付的办公费、水电费、差旅费、保险费、检验费等。除上述费用支出可以计入产品成本外,国家法律法规还规定,购置和建造固定资产、无形资产和其他长期资产的支出不能计入产品成本,对外投资的支出、分配的股利不能计入产品成本,被没收的财物、支付的罚款、捐赠支出等不得计入产品成本,等等。其中,固定资产、无形资产等支出在实际进行生产使用中通过折旧、摊销计入产品成本。

◇ 知识活页

二维码 2-2

拓展阅读:国务院发布《国营企业成本管理条例》

二、费用的分类

企业在进行成本核算、成本控制、成本分析等成本管理工作时,一般会依据不同的标准对成本进行分类。

（一）按成本核算为目的的分类

 1. 按成本的经济用途或职能分类

根据我国会计准则的规定,工业企业要采用制造成本法进行成本核算。因此,对于工业企业来说,成本按其经济用途或职能可划分为制造成本和非制造成本。

1）制造成本

制造成本(又称生产成本)是指企业在生产产品的过程中发生的各项成本。常见的有直接材料、直接燃料和动力、直接人工和制造费用等成本项目。

直接材料是指生产产品所直接耗费的、最终形成产品主体或有助于产品形成的原料、主要材料及辅助材料。

直接燃料和动力是指产品生产所直接耗费的燃料和动力。

直接人工是指产品生产直接耗费人工劳动所支付的职工薪酬。

制造费用是指生产产品所间接耗费的各项费用。比如车间管理人员的薪酬费用,车间固定资产折旧、无形资产推销,车间的水电费、保险费,季节性或修理期间的停工损失等。

实际业务中,企业可根据自身所处行业的业务特点、各项业务量的大小以及管理上的需要对上述成本项目进行选择、组合、适度调整。对于在产品成本中占比较大,管理上又要求单独反映、控制和考核的成本,应单设成本项目,比如废品损失;对于机械化程度较高的企业、高科技技术广泛使用的企业等,如果产品成本结构发生了较大变化,制造费用占比越来越多,可以直接归于某种产品的直接人工越来越少,为简化核算,可将直接人工与制造费用合并。

2）非制造成本

非制造成本是和产品生产没有直接联系的成本耗费,也即期间费用,包括管理费用、销售费用、财务费用。

管理费用是企业为组织和管理企业生产经营所发生的各项费用,包括企业董事会和行政管理部门在日常管理过程中发生的、或者由企业统一负担的工会经费、社会保险费、培训费、办公经费等。

销售费用是企业为实现产品销售而产生的各项费用,包括专设销售机构的各项费用(销售机构办公费、租金、销售人员职工薪酬等)、运输费、包装费、搬运费、营销费、广告费等。

财务费用是企业为满足生产经营需要而筹措资金所发生的各项费用,包括利息支出、汇兑损失和相关手续费等。

2. 按成本同产品的关系分类

从理论成本的角度来看,成本是制造产品所耗费的物化劳动和活劳动。但在企业的实际生产经营中,为生产产品所耗费的各项成本最终归属于某种产品。根据成本和产品之间的关系,可将成本划分为直接成本和间接成本。

直接成本,也称为直接计入费用,是指为生产某一产品所直接耗费的,和该产品有直接联系,可直接计入该产品的成本。比如,某材料的领用耗费只为生产某一种产品,其他产品不耗用该种材料,某技术工人只负责某一种产品的生产,则此时产生的材料费用和人工费用就为直接成本,可直接计入这一产品成本中。

间接成本,也称为间接计入费用,是指为生产多种产品所共同耗费的,或者和该产品有直接联系但需要分配计入的成本。间接成本一般根据实际情况选择合适的标准分配计入各种产品。如一个车间同时生产多种产品,且这些产品共同耗用原材料、辅助材料,则此时材料费用、人工费用、制造费用等都要按照一定的标准进行分配计入。

(二) 按成本控制为目的的分类

企业为更好地对成本进行管理和控制,提高企业经济效益,依据成本总额和业务量(产量或销量)变化的相互关系,将成本划分为变动成本、固定成本和混合成本。这种成本分类主要是为管理会计服务,在成本会计中,不区分变动成本和固定成本。

变动成本是指成本总额随着业务量的变化而呈现出按一定比例同向增减变动关系的成本。比如,原材料费用会随着产量的增加而同比例增加,工人的计件工资会随着产量的增加而同比例增加,等等。当然,这种比例关系需要满足一定的条件,当生产工艺发生变化或者产量超过一定范围,这种比例关系也会发生变化。

固定成本是指成本总额在一定时期和一定业务量范围内,不随业务量增减变动的成本,在一定条件下保持相对的固定。比如固定资产折旧、车间管理人员的薪酬、工人的计时工资等在一定产量范围内都不随产量的增加而增加,总是维持在一个固定的水平上。

混合成本是指成本总额随业务量变化而变动,但变动幅度和业务量不保持严格比例关系的成本。混合成本又可分为半变动成本和半固定成本。半变动成本是指成本构成中有一个基础成本,相当于固定成本,当业务量增加时,成本会在基础成本之上同比例增加,比如电费等。半固定成本是指当业务量在一定范围内时,成本维持在一个固定的水平,当业务量超过一定范围时,成本上升一定水平,然后固定在新的水平上,直到业务量再次超过一定范围,成本将再次固定在新的水平,整体呈现阶梯状上升。

第三节 成本核算的一般程序和主要会计科目

一、成本核算的一般程序

成本核算的一般程序是指对企业生产经营过程中发生的费用支出,根据财经法规的要求,按照一定的方法进行归集和分配,最终计算出完工产品成本和期间费用的基本程序。根据成本核算的原则和要求,可将成本核算主要程序总结如下。

(一)根据成本计算对象和成本项目开设产品成本明细账;根据期间费用的种类和费用项目开设期间费用明细账

不管采用何种成本计算方法,成本最终都会由具体的某种产品来承担。但是,由于企业所处行业、生产工艺等不同,根据成本核算原则,在进行成本计算时不同企业的成本计算对象会有所差异,有些企业以产品品种为成本计算对象,有些企业以各批次产品为成本计算对象,有些企业以生产步骤为成本计算对象,等等。而不同企业由于成本构成的差异,所需要开设的成本项目也会存在差异。因此,企业要根据确定的成本计算对象和成本项目开设产品成本明细账,期间费用也要根据期间费用的种类和费用项目开设明细账。

(二)进行要素费用的归集和分配,登记成本明细账和期间费用明细账

要根据各种要素费用发生的原因和用途,按照受益原则编制各种"要素费用分配表",比如材料费用分配表、燃料和动力费用分配表、人工费用分配表等。在各种要素费用分配表中,将各项要素费用正确地归集到基本生产成本、辅助生产成本和期间费用等受益对象上,对需要进行分配计入的费用按一定标准进行分配。

(三)进行辅助生产车间费用的归集和分配,登记账簿

辅助生产车间是为企业的产品生产服务的,在上一环节完成辅助生产车间费用的归集后,要对辅助生产车间的费用进行分配。如果辅助生产车间单独开设了制造费用明细账,则

需要先分配辅助生产车间的制造费用,完成辅助生产车间费用的归集,最后将归集完的辅助生产车间费用通过编制"辅助生产费用分配表"进行费用的分配,并登记账簿。

(四)进行基本生产车间制造费用的归集和分配,登记账簿

在辅助生产车间费用分配后,要对基本生产车间耗费的辅助生产费用通过基本生产车间的制造费用进行归集,并对本月的跨期摊提费用进行摊销和计提,最后对归集完毕的基本生产车间的制造费用进行分配,编制"制造费用分配表",并登记制造费用明细账和基本生产成本明细账,核算出本月生产费用。

(五)进行完工产品和在产品的费用分配,登记账簿

在按品种、批次或者生产步骤等核算出本月生产费用后,要选择分配标准将该产品的生产费用(月初在产品生产费用和本月生产费用之和)在完工产品和期末在产品之间进行分配,计算出完工产品成本和期末在产品的成本,并在成本明细账和期间费用明细账中登记。成本核算基本程序见图 2-1。

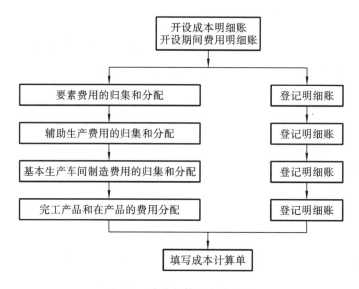

图 2-1　成本核算基本程序图

二、成本核算的主要会计科目

为了成本核算的需要,企业要设置相应的会计科目,常用的有"基本生产成本""辅助生产成本""制造费用""销售费用""管理费用""财务费用""长期待摊费用""废品损失"等。

（一）"基本生产成本"科目

基本生产是企业进行产品生产的主要生产流程，是生产产品所必须进行的生产。"基本生产成本"科目用于归集和结转产品生产所发生的各种生产费用，借方登记企业进行产品生产所耗费的各种费用（包括直接计入和分配计入），贷方登记转出的完工入库的产品成本，余额在借方，表示在产品成本，即尚未完工的产品所耗费的生产费用。

"基本生产成本"科目一般按照产品品种、产品批次、产品生产步骤等设置成本明细账，即基本生产成本明细账，并据此填写成本计算单，账内按成本项目分设专栏或专行。其格式如表 2-1 和表 2-2 所示。

表 2-1　产品成本明细账

产品批次：9210

产品名称：A 产品　　　　　　　　　　　　　　　　　　　　　　　　　　　　单位：元

月	日	摘要	产量（件）	成本项目			成本合计
				直接材料	直接人工	制造费用	
7	31	本月生产费用		30 000	50 000	70 000	150 000
7	31	本月完工产品成本	1 000	30 000	50 000	70 000	150 000
7	31	完工产品单位成本		30	50	70	150

表 2-2　产品成本明细账

产品批次：9210

产品名称：B 产品　　　　　　　　　　　　　　　　　　　　　　　　　　　　单位：元

月	日	摘要	产量（件）	成本项目			成本合计
				直接材料	直接人工	制造费用	
3	31	本月生产费用		50 000	70 000	90 000	210 000
3	31	本月完工产品成本	2 000	50 000	70 000	90 000	210 000
3	31	完工产品单位成本		25	35	45	105

（二）"辅助生产成本"科目

辅助生产是为企业的基本生产提供相关服务的辅助产品或劳务。"辅助生产成本"科目用于归集和分配辅助生产所耗费的各种费用，借方登记辅助生产过程中发生的各项费用，贷方登记完工入库的产品成本或分配转出的劳务成本，余额在借方，表示尚未完工的辅助生产的成本，即未完工的产品或劳务所耗费的生产费用。

"辅助生产成本"科目通常按辅助生产车间、产品、劳务设置明细账，账内按成本项目或费用项目分设专栏或专行。

(三)"制造费用"科目

制造费用是企业为生产产品而发生的不能直接计入基本生产成本,需要采用办法分配计入基本生产成本的各项费用。"制造费用"科目用于归集和分配各项间接生产费用,借方登记实际发生的间接费用,贷方登记分配转出到基本生产成本的间接费用,通常无余额。但在季节性生产企业,该科目月末会有余额。

"制造费用"科目按车间、部门设置明细分类账,辅助生产车间如果间接费用较多,一般也会单设制造费用明细账,月末再将制造费用转入辅助生产成本。

(四)"销售费用"科目

销售费用是企业为了完成产品的销售而发生的各项费用,包括专设销售机构的各项经费和销售过程中产生的营销费等各项费用。"销售费用"科目用于归集和结转与销售相关的各项费用,借方登记实际发生的各项销售费用,贷方登记期末转入"本年利润"科目的销售费用,期末结转后无余额。

销售费用明细账按费用项目设置专栏进行登记。

(五)"管理费用"科目

管理费用是企业为了组织产品生产而发生的各项管理费用,包括管理机构办公费、管理人员薪酬等。"管理费用"科目用于归集和结转管理费用,借方登记实际发生的管理费用,贷方登记期末转入"本年利润"的管理费用,期末结转后无余额。

管理费用明细账按费用项目设置专栏进行登记。

(六)"财务费用"科目

财务费用是企业为筹集资金而发生的各项筹资费用,主要包括贷款利息等。"财务费用"科目用于归集和结转各项财务费用,借方登记发生的各项利息支出等财务费用,贷方登记冲减财务费用的各项利息收入、汇兑收益和期末转入"本年利润"的财务费用,期末结转后无余额。

财务费用明细账按费用项目设置专栏进行登记。

(七)"长期待摊费用"科目

长期待摊费用是企业已经支出但摊销期限在一年以上的各项费用。"长期待摊费用"科目借方登记实际已经支付的各项长期待摊费用,贷方登记分期实际摊销的长期待摊费用,余额一般在借方,表示企业尚未摊销的长期待摊费用的摊余价值。

长期待摊费用明细账按费用种类设置,进行明细登记核算。

(八)"废品损失"科目

废品是企业在产品生产过程中由于材料、操作不当等原因而产生的,废品损失是由于废品的产生而带来的费用支出的损失。"废品损失"科目用于归集和分配废品损失及其残料回收等,借方登记不可修复废品的生产成本和可修复废品的修复费用,贷方登记废品残料的回收价值、收取责任人的赔款及转出的废品净损失,期末通常无余额。

"废品损失"通常按车间开设明细账,账内按产品品种分设专户,按成本项目设专栏或专行进行登记。

◇ 练习与思考

一、客观题

二维码 2-3
客观题

二维码 2-4
客观题答案

二、思考题

1. 试述成本核算要遵循的原则。
2. 如何理解成本的分类?
3. 试述成本核算的一般程序。
4. 如何理解直接计入费用和间接计入费用?

二维码 2-5
思考题
答题思路

◇ 本章知识链接

1. 企业产品成本会计编审委员会.企业产品成本会计核算详解与实务[M].北京:人民邮电出版社,2020.

2. 查尔斯·T·亨格瑞,斯里坎特·M·达塔尔,马达夫·V·拉詹.成本与管理会计[M].15 版.王立彦,刘应文,译.北京:中国人民大学出版社,2016.

第三章　生产费用的归集与分配

◇ 学习目标

生产费用的归集与分配是计算产品成本的基础信息，为准确核算产品成本，需要严格划分各类生产费用的界限，根据生产费用的不同特性采用有针对性的分配方法。通过本章学习，应实现以下目标。

1. 知识目标

掌握要素费用的归集和分配。

掌握辅助生产费用的归集和分配。

掌握制造费用的归集和分配。

掌握废品损失和停工损失的账务处理方法。

2. 能力目标

掌握生产费用的归集与分配方法及相关的账务处理。

3. 情感目标

理解计时工资不同分配方法的公平性差异。

◇ 学习重难点

1. 材料费用以及外购动力归集与分配核算方法及账务处理。
2. 辅助生产费用的分配方法及账务处理。
3. 制造费用的归集与分配以及账务处理。
4. 废品损失与停工损失的概念及账务处理。

◇ 本章关键词

材料费用；辅助生产成本；制造费用；废品损失；停工损失

◇ **导入案例**

> 某校办企业是一个独立核算单位,设有一个基本生产车间,一个辅助生产部门。基本生产车间主要为学校生产加工办公桌、课桌、椅子等,主要材料为板型木材和线型木材,其他辅助材料主要有油漆、螺钉等;辅助生产部门主要负责对损坏的上述产品提供维修服务。每月相关的财务人员都要进行成本核算。假如你是该企业的成本核算人员,你能否确定各种产品成本是由哪些费用构成的?各种费用又应如何在各产品之间进行分配?具体应为多少?你能准确地进行核算吗?

第一节 要素费用的归集与分配

本节主要包括材料费用的核算、外购动力费用的核算、职工薪酬费用的核算以及其他费用的核算四部分内容。

一、材料费用的核算

关于材料费用的归集制度,可参阅二维码3-1。

◇ **知识活页**

二维码 3-1

拓展阅读:材料费用的归集制度

(一)材料发出的核算

由于不同批次材料的采购价格通常存在差异,因此需要采用一定的方法确定发出材料的单位成本，实际成本计价法和计划成本计价法是最为常见的方法。实际成本计价法又可以分为加权平均法、移动加权平均法、先进先出法及个别计价法等四种。关于计划成本计价法，本书不做要求，学有余力的同学可参考二维码 3-2 自行学习。

◇ 知识活页

拓展阅读：计划成本法下发出材料的计价方法

1. 加权平均法

加权平均法是以月初结存和本月收入材料的数量为权数，计算出本月发出材料的单位成本，据以计算发出材料成本的一种方法。加权平均法又称为全月一次加权平均法，其计算公式如下：

$$材料平均单位成本 = \frac{月初结存材料实际成本 + 本月收入材料实际成本}{月初结存材料数量 + 本月收入材料数量}$$

发出材料实际成本 = 本月发出各批材料数量之和 × 材料平均单位成本

[同步案例 3-1] 某工业企业 20×× 年 6 月 1 日结存 B 材料 3 000 千克，每千克单价为 10 元，6 月 5 日和 6 月 20 日分别购入该材料 9 000 千克和 6 000 千克，每千克单价分别为 11 元和 12 元，6 月 10 日和 6 月 25 日分别发出 B 材料 10 500 千克和 6 000 千克，全部用于生产车间生产产品。采用加权平均法计算 B 材料的实际成本的结果如下：

$$B 材料平均单位成本 = \frac{3\,000 \times 10 + 9\,000 \times 11 + 6\,000 \times 12}{3\,000 + 9\,000 + 6\,000} \approx 11.17(元/千克)$$

本月发出 B 材料实际成本 = (10 500 + 6 000) × 11.17 = 184 305(元)

月末结存 B 材料实际成本 = 30 000 + 171 000 − 184 305 = 16 695(元)

根据上述计算结果登记"材料明细账"如表 3-1 所示。

表 3-1 材料明细账（加权平均法）

金额单位：元

计量单位：千克

材料品名：B 材料

20×× 年		摘要	收入			发出			结存		
月	日		数量	单价	金额	数量	单价	金额	数量	单价	金额
6	1	月初余额							3 000	10	30 000
	5	购入	9 000	11	99 000						
	10	生产领用				10 500		117 285			
	20	购入	6 000	12	72 000						

续表

20××年		摘要	收入			发出			结存		
月	日		数量	单价	金额	数量	单价	金额	数量	单价	金额
6	25	生产领用				6 000		67 020			
	30	月计	15 000		171 000	16 500	11.17	184 305	1 500	11.17	16 695

采用加权平均法计算发出材料实际成本，计算手续简便。但是，计价工作集中在月末进行，会影响产品成本计算的及时性。另外，平时不能反映发出材料和结存材料的成本，不便于加强材料资金的日常管理。

2. 移动加权平均法

移动加权平均法是根据以前结存材料与本批购入材料的数量和金额计算出以数量为权数的移动加权平均单位成本，并据此计算发出材料实际成本的一种方法，其计算公式如下：

$$移动加权平均单位成本 = \frac{移动前结存材料的实际成本 + 本批收入材料实际成本}{移动前结存材料的实际数量 + 本批收入材料实际数量}$$

$$发出材料实际成本 = 发出各批材料数量 \times 移动加权平均单位成本$$

仍以［同步案例3-1］中的资料为基础，采用移动加权平均法的计算结果如下：

6月5日购入材料后平均单位成本 $= \dfrac{30\ 000 + 99\ 000}{3\ 000 + 9\ 000} = 10.75$（元/千克）

6月10日发出B材料的实际成本 $= 10\ 500 \times 10.75 = 112\ 875$（元）

6月20日购入材料后平均单位成本 $= \dfrac{72\ 000 + 16\ 125}{6\ 000 + 1\ 500} = 11.75$（元/千克）

6月25日发出B材料的实际成本 $= 6\ 000 \times 11.75 = 70\ 500$（元）

6月30日结存材料成本 $= 1\ 500 \times 11.75 = 17\ 625$（元）

根据上述计算结果编制的"材料明细账"如表3-2所示。

表3-2 材料明细账（移动加权平均法）

金额单位：元

材料品名：B材料　　　　　　　　　　　　　　　　　　　　　　　　计量单位：千克

20××年		摘要	收入			发出			结存		
月	日		数量	单价	金额	数量	单价	金额	数量	单价	金额
6	1	月初余额							3 000	10	30 000
	5	购入	9 000	11	99 000				12 000	10.75	129 000
	10	生产领用				10 500	10.75	112 875	1 500	10.75	16 125
	20	购入	6 000	12	72 000				7 500	11.75	88 125
	25	生产领用				6 000	11.75	70 500	1 500	11.75	17 625
	30	月计	15 000		17 100	16 500		183 375	1 500	11.75	17 625

采用移动加权平均法，能把材料计价工作分散在平时进行，并可以随时反映材料资金占

用情况。其缺点是每收入一批材料就需要重新计算一次单价,核算工作量较大。

关于先进先出法和个别计价法,本书不做要求,感兴趣的同学可扫二维码 3-3 自行学习。

◇ **知识活页**

二维码 3-3

拓展阅读:先进先出法和个别计价法下发出材料的计价方法

 3. 发出材料账务处理方法

月末,根据领料凭证定期汇总编制领料凭证汇总表,并据以编制发出材料的会计分录。领料凭证汇总表的格式如表 3-3 所示。

表 3-3 领料凭证汇总表

20××年 5 月　　　　　　　　　　　　　　　　　　　　　　　　　　单位:元

应借科目	应贷科目:原材料		
	A 材料	B 材料	合计
基本生产成本——甲产品	39 395	2 435	41 830
基本生产成本——乙产品	13 720	600	14 320
辅助生产成本	1 025	1 995	3 020
制造费用	515	123	638
管理费用	95	190	285
合计	54 750	5 343	60 093

根据"领料凭证汇总表"编制会计分录,并登记有关账户如下:

```
借:生产成本——基本生产成本——甲产品                41 830
                        ——乙产品                14 320
   生产成本——辅助生产成本                          3 020
   制造费用                                        638
   管理费用                                        285
   贷:原材料                                      60 093
```

(二)材料费用分配的核算

材料费用的分配需要在确定分配对象的基础上,采用一定的方法将领用的材料计入产品成本或期间费用。对于单一产品领用的材料,往往可以将材料费用全部计入该产品成本,对于几种产品共同耗用的材料,则需要采用合适的方法将材料费用在各种产品间进行分配。通常情况下,产品产量比例分配法、产品重量比例分配法、定额消耗量比例分配法和定额成本比例分配法等是常用的材料费用分配方法。现对上述方法分别进行介绍。

 1. 产品产量比例分配法

产品产量比例分配法是按各种产品的产量比例分配材料费用的一种方法。当每种产品的单位产品耗用材料数量相同或相似,且材料耗用费用与产品产量成正比例变动时,可以采用这种方法。其计算公式为:

$$材料费用分配率=\frac{材料费用消耗总额}{各种产品实际产量之和}$$

某产品应分配的材料费用＝该产品实际产量×材料费用分配率

[同步案例3-2] 某工业企业生产甲、乙两种产品,共同耗用一种原材料12 000千克,每千克20元。甲产品的实际产量为4 000件,乙产品的实际产量为2 000件。采用产品产量比例法分配材料费用的结果如下:

$$材料费用分配率=\frac{12\ 000\times20}{4\ 000+2\ 000}=40(元/件)$$

甲产品应分配的材料费用＝4 000×40＝160 000(元)

乙产品应分配的材料费用＝2 000×40＝80 000(元)

 2. 产品重量比例分配法

产品重量比例分配法是按照各种产品的重量比例分配材料费用的一种方法。当产品耗用材料与其重量存在直接关系时,可以采用这种方法。其计算公式如下:

$$材料费用分配率=\frac{材料费用消耗总额}{各种产品重量之和}$$

某产品应分配的材料费用＝该产品重量×材料费用分配率

[同步案例3-3] 某工业企业生产甲、乙两种产品,共同耗用一种原材料4 000千克,每千克20元。甲产品的重量为6 000千克,乙产品的重量为2 000千克。采用产品重量比例法分配材料费用的结果如下:

$$材料费用分配率=\frac{4\ 000\times20}{6\ 000+2\ 000}=10(元/千克)$$

甲产品应分配的材料费用＝6 000×10＝60 000(元)

乙产品应分配的材料费用＝2 000×10＝20 000(元)

 3. 定额消耗量比例分配法

定额消耗量比例分配法是按照各种产品材料定额消耗量分配材料费用的一种方法。当

企业的定额消耗基础较好时可以采用这种方法,其计算公式如下:

某种产品材料定额耗用量＝该种产品实际产量×单位产品材料消耗量定额

$$材料消耗量分配率 = \frac{材料实际耗用总量}{各种产品材料定额耗用量之和}$$

某产品应分配的材料数量＝该种产品的材料定额耗用量×材料消耗量分配率

某产品应分配的材料费用＝该产品应分配的材料数量×材料单价

[同步案例 3-4]　某工业企业生产甲、乙两种产品,共同耗用某种材料 36 000 千克,每千克 5 元,材料费用为 180 000 元。生产甲产品 800 件,乙产品 200 件。单位甲产品消耗定额为 100 千克,单位乙产品消耗定额为 50 千克。按甲、乙产品材料定额耗用量比例分配材料费用的结果如下:

甲产品材料定额耗用量＝800×100＝80 000(千克)

乙产品材料定额耗用量＝200×50＝10 000(千克)

$$材料消耗量分配率 = \frac{36\ 000}{80\ 000 + 10\ 000} = 0.4$$

甲产品应分配的材料费用＝80 000×0.4×5＝160 000(元)

乙产品应分配的材料费用＝10 000×0.4×5＝20 000(元)

4. 定额成本比例分配法

定额成本比例分配法是按照各种产品材料定额费用分配材料费用的一种方法。当企业的定额费用基础较好时可以采用这种方法,其计算公式如下:

某种产品材料定额成本＝该种产品实际产量×单位产品材料定额成本

$$材料费用分配率 = \frac{各产品消耗材料费用总额}{各产品材料定额成本之和}$$

某产品应分配的材料费用＝该产品材料定额成本×材料费用分配率

[同步案例 3-5]　某工业企业生产甲、乙两种产品,共同耗用某种材料共 12 000 千克,每千克 30 元。甲产品实际产量为 800 件,单位产品材料定额成本为 100 元;乙产品实际产量为 200 件,单位产品材料定额成本为 50 元。采用定额成本比例分配法分配材料费用的计算步骤如下:

甲产品材料定额成本＝800×100＝80 000(元)

乙产品材料定额成本＝200×50＝10 000(元)

$$材料费用分配率 = \frac{12\ 000 \times 30}{80\ 000 + 10\ 000} = 4$$

甲产品应分配的材料费用＝80 000×4＝320 000(元)

乙产品应分配的材料费用＝10 000×4＝40 000(元)

(三) 材料费用分配账务处理

在实际工作中,材料费用的分配是通过编制"材料费用分配汇总表"进行的。材料费用分配表可先按各生产车间和部门分别编制,然后据以汇总编制"材料费用分配汇总表"。基本生产车间的"材料费用分配表"的格式和内容如表3-4所示。

表3-4　材料费用分配表(基本生产车间)　　　　　　　　　　　单位:元

分配对象	直接计入	分配计入			合计
		分配标准	分配率	金额	
甲产品	300 000	80 000	2	160 000	460 000
乙产品	100 000	20 000		40 000	140 000
小计	400 000	100 000		200 000	600 000
制造费用	90 000	—	—	—	90 000
合计	490 000	—	—	200 000	690 000

根据各车间和部门的材料费用分配表汇总编制"材料费用分配汇总表",其格式和内容如表3-5所示。

表3-5　材料费用分配汇总表　　　　　　　　　　　　　　　　单位:元

分配对象	计划成本	差异额	实际成本
生产成本——基本生产成本	89 100	1 782	90 882
——辅助生产成本	36 000	720	36 720
制造费用——基本生产车间	21 900	438	22 338
——辅助生产车间	19 200	384	19 584
管理费用	10 500	210	10 710
合计	176 700	3 534	180 234

根据表3-5编制会计分录如下。

　　借:生产成本——基本生产成本　　　　　　　　　　　　　　　　89 100
　　　　　　　——辅助生产成本　　　　　　　　　　　　　　　　　36 000
　　　　制造费用——基本生产车间　　　　　　　　　　　　　　　　21 900
　　　　　　　——辅助生产车间　　　　　　　　　　　　　　　　　19 200
　　　　管理费用　　　　　　　　　　　　　　　　　　　　　　　　10 500
　　贷:原材料　　　　　　　　　　　　　　　　　　　　　　　　　176 700
　结转发出材料的成本差异时,编制会计分录如下:
　　借:生产成本——基本生产成本　　　　　　　　　　　　　　　　 1 782
　　　　　　　——辅助生产成本　　　　　　　　　　　　　　　　　 720
　　　　制造费用——基本生产车间　　　　　　　　　　　　　　　　 438
　　　　　　　——辅助生产车间　　　　　　　　　　　　　　　　　 384
　　　　管理费用　　　　　　　　　　　　　　　　　　　　　　　　 210
　　贷:材料成本差异　　　　　　　　　　　　　　　　　　　　　　 3 534

◇ 知识活页

二维码 3-4

拓展阅读：低值易耗品摊销的核算方法

二维码 3-5

思考实训题：存货发出计价方法是如何影响经营业绩的？

二、外购动力费用的核算

（一）外购动力费用的归集

外购动力费用是指企业从外单位购入的水、电、蒸汽等动力费用。外购动力应根据其实际使用的数量，向供应单位支付款项，一般情况下，使用的外购动力都有仪器仪表计量。在支付外购动力费用时，企业应根据仪器仪表上的耗用数量和规定的计价标准向提供动力的单位支付款项。按照权责发生制要求，在当月实际所耗动力费与当月支付动力费不一致的情况下，企业可将实际支付动力费作为暂付款处理，记入"应付账款"账户的借方和"银行存款"账户的贷方。月末将本期实际所耗动力费按照用途分配时，借记有关成本、费用账户，贷记"应付账款"账户。当供应单位每月抄表日基本固定、且各月所耗数量相差不多时，也可在支付外购动力费时直接借记有关成本、费用账户，贷记"银行存款"账户。

（二）外购动力费用的分配

企业应根据外购动力的不同用途和使用部门进行分配。基本生产车间生产产品的动力费用，应选择适当的标准将其分配记入各产品"生产成本——基本生产成本"明细账"燃料和动力"成本项目中；基本生产车间组织、管理生产的动力费用以及用于产品生产但未专设成本项目的动力费用,应记入"制造费用"明细账"水电费"费用项目中;辅助生产车间的动力费用,应记入"生产成本——辅助生产成本"明细账"燃料和动力"费用项目中;行政管理部门组织和管理生产经营活动的动力费用,应记入"管理费用"明细账"水电费"费用项目中。由于各车间、部门一般都分别装有记录动力耗用量的仪器仪表,因此,应按仪表记录的实际耗用量计算分配。在实际工作中,外购动力费用的分配是通过编制"外购动力费用分配汇总表"进行的,其格式如表3-6所示。

[**同步案例3-6**] 某工业企业20××年6月份共支付外购电力费用1 200 000元,各车间、部门的电表所计量的用电度数为2 400 000度。根据各车间、部门用电的数量及工时资料,编制"外购动力费用分配汇总表"如表3-6所示。

表3-6 外购动力费用分配汇总表

20××年6月

分配对象	成本项目	耗用数量（度）	分配标准（定额工时）	分配度数	分配金额（元）
基本生产车间	甲产品	燃料和动力	30 000	600 000	300 000
	乙产品	燃料和动力	50 000	1 000 000	500 000
	小计		1 600 000	80 000	
	车间	水电费	100 000		50 000
辅助生产车间		水电费	400 000		200 000
行政管理部门		水电费	300 000		150 000
合计			2 400 000		1 200 000

根据表3-6资料编制会计分录如下：

借:生产成本——基本生产成本——甲产品　　　　　　　　300 000
　　　　　　——基本生产成本——乙产品　　　　　　　　500 000
　　生产成本——辅助生产成本　　　　　　　　　　　　　200 000
　　制造费用　　　　　　　　　　　　　　　　　　　　　 50 000
　　管理费用　　　　　　　　　　　　　　　　　　　　　150 000
　　贷:应付账款(或银行存款)　　　　　　　　　　　　 1 200 000

三、职工薪酬费用的核算

职工薪酬是指企业根据有关规定承担的应计入生产经营费用的工资、福利、社会保险费、住房公积金、工会经费、职工教育经费、解除职工劳动关系补偿以及非货币性福利等费用。职工薪酬的计算方法参见二维码3-6。

◇ 知识活页

二维码 3-6

拓展阅读：职工薪酬的计算方法

（一）工资费用的归集

为了便于工资费用的分配，企业通常会编制工资结算汇总表，作为工资费用分配的依据。工资结算汇总表的一般格式如表 3-7 所示。

表 3-7　工资结算汇总表

20××年 6 月　　　　　　　　　　　　　　　　　　　　　　　单位：元

车间或部门		职工人数（人）	应付工资							代扣款项			实发工资
			岗位工资	工龄工资	午餐补贴	交通补贴	住宿补贴	其他	合计	医疗保险	补充医疗	合计	
一车间	生产工人	75	28 500	9 000	1 950	2 850	3 000	1 050	46 350	2 850	3 600	6 450	39 900
	管理人员	4	2 550	600	150	210	240	150	3 900	105	120	225	3 675
	小计	79	31 050	9 600	2 100	3 060	3 240	1 200	50 250	2 955	3 720	6 675	43 575
二车间	生产工人	80	36 000	13 500	2 100	3 780	4 500	1 440	61 320	2 940	3 900	6 840	54 480
	管理人员	5	2 850	780	180	240	300	240	4 590	135	210	345	4 245
	小计	85	38 850	14 280	2 280	4 020	4 800	1 680	65 910	3 075	4 110	7 185	58 725
辅助生产车间	生产工人	50	22 500	7 500	1 500	1 950	2 100	1 080	36 630	1 350	1 800	3 150	33 480
	管理人员	4	1 950	450	90	150	240	120	3 000	120	180	300	2 700
	小计	54	24 450	7 950	1 590	2 100	2 340	1 200	39 630	1 470	1 980	3 450	36 180
行政管理部门		25	13 500	3 000	900	1 350	1500	600	20 850	660	900	1 560	19 290
福利部门		20	10 500	2 400	600	1 050	1 200	300	16 050	450	720	1 170	14 880
专设销售机构		15	4 500	0	300	750	900	150	6 600	270	330	600	6 000
合计		—	122 850	37 230	7 770	12 330	13 980	5 130	199 290	8 880	11 790	20 640	178 650

（二）工资费用的分配

工资费用应按其发生的地点和用途进行分配，对于不能直接计入成本的生产工人工资，还应采取适当的标准分配记入各种产品的生产成本。基本生产车间生产工人的工资，应直接或分配记入"生产成本——基本生产成本"科目中的"直接人工"成本项目中;基本生产车间管理人员的工资,应记入"制造费用"科目的"工资"项目中;辅助生产车间人员的工资,应记入"生产成本——辅助生产成本"科目的"工资及福利费"项目中;行政管理部门人员的工资,应记入"管理费用"科目;专设销售机构人员的工资应记入"销售费用"科目;固定资产购建或修理等工程人员的工资,应记入"在建工程"科目。

[同步案例 3-7] 根据表 3-7"工资结算汇总表"编制"工资费用分配汇总表"见表 3-8 所示。

表 3-8 工资费用分配汇总表

20××年6月　　　　　　　　　　　　　　　　　　　　　　　单位:元

应借科目	一车间	二车间	辅助车间	行政管理部门	销售部门	合计
生产成本	46 350	61 320	36 630			144 300
制造费用	3 900	4 590	3 000			11 490
管理费用				36 900		36 900
销售费用					6 600	6 600
合计	50 250	65 910	39 630	36 900	6 600	199 290

根据"工资费用分配汇总表",可编制如下会计分录:

```
借:生产成本——基本生产成本                    107 670
         ——辅助生产成本                     36 630
     制造费用——基本生产车间                    8 490
         ——辅助生产车间                      3 000
     管理费用                              36 900
     销售费用                               6 600
  贷:应付职工薪酬——工资                     199 290
```

职工福利费核算与工资费用核算同步。根据表 3-8"工资费用分配汇总表"和上述应付福利费分配原则(按照工资额的 14% 提取),可编制"职工福利费分配表",见表 3-9 所示。

表 3-9 职工福利费分配表

20××年6月　　　　　　　　　　　　　　　　　　　　　　　单位:元

部门及人员	工 资 额	提取福利费
基本生产车间	107 670	15 073.8
辅助生产车间	36 630	5 128.2
车间管理人员	11 490	1 608.6
行政管理人员	36 900	5 166.0
销售机构人员	6 600	924.0
合计	199 290	27 900.6

根据"职工福利费分配表",应做如下会计分录:

借:生产成本——基本生产成本		15 073.8
——辅助生产成本		5 128.2
制造费用——基本生产车间		1 188.6
——辅助生产车间		420.0
管理费用		5 166.0
销售费用		924.0
贷:应付职工薪酬——工资		27 900.6

四、其他费用的核算

(一) 固定资产折旧的核算

二维码 3-7 固定资产折旧的计算方法

固定资产折旧是指在固定资产使用寿命内,按照确定的方法对应计提折旧额进行的系统分摊。固定资产折旧的计算方法参见二维码 3-7。在实际工作中,各月折旧费用的分配一般是通过编制"折旧费用分配汇总表"进行的,其格式如表 3-10 所示。

表 3-10　折旧费用分配汇总表

20××年6月　　　　　　　　　　　　　　　　　　　　单位:元

应借科目	基本生产车间	供电车间	供水车间	行政管理部门	销售部门	租出	合计
制造费用	42 000						42 000
生产成本——辅助生产成本		21 600	18 600				40 200
管理费用				11 520			11 520
销售费用					3 360		3 360
其他业务成本						3 840	3 840
合计	42 000	21 600	18 600	11 520	3 360	3 840	100 920

根据表 3-10 编制会计分录如下:

借:生产成本——辅助生产成本——供电	21 600
——供水	18 600
制造费用	42 000
管理费用	11 520
销售费用	3 360
其他业务成本	3 840
贷:累计折旧	100 920

◆ 知识活页

实务分析:加速折旧一次性扣除会降低企业业绩吗?

(二) 利息费用的核算

要素费用中的利息费用,是企业财务费用的一个费用项目,不构成产品成本。一般情况下,当利息费用数额较大时,应采用预提的方式进行会计处理,实际利息费用与预提费用之间的差额计入季末的财务费用;当利息费用数额较小时,可在季末实际支付时计入当月财务费用。

[同步案例3-8] 某工业企业在20××年4月和5月分别预提短期借款利息6 000元,6月末实际支付银行存款利息18 000元,相关会计处理为:

(1) 4、5月预提利息费用时。

  借:财务费用   6 000
   贷:应付利息   6 000

(2) 6月末实际支付利息时。

  借:财务费用   6 000
    应付利息   12 000
   贷:银行存款   18 000

(三) 税金的核算

要素费用中的税金,特指应计入管理费用的各项税金,属于管理费用的一个费用项目,也不构成产品成本。通常情况下,应计入管理费用的税金包括:印花税、房产税、车船使用税、土地使用税等。

(1) 计算应交的房产税、车船使用税、土地使用税时。

  借:管理费用
   贷:应交税费

(2) 缴纳房产税、车船使用税、土地使用税时。

  借:应交税费
   贷:银行存款

(3) 缴纳印花税时。

  借:管理费用
   贷:银行存款

(四)长期待摊费用的核算

长期待摊费用是指企业已经发生但应由本期和以后各期负担的分摊期限在1年以上的各项费用。一般情况下,如经营租赁的固定资产发生改良支出,需用长期待摊费用进行会计处理。其会计处理为:

(1)发生长期待摊费用时。
  借:长期待摊费用
    贷:银行存款、原材料、应付职工薪酬等
(2)摊销长期待摊费用时。
  借:制造费用、管理费用、销售费用等(根据受益部门确定)
    贷:长期待摊费用

[同步案例3-9] 某工业企业通过租赁获得某设备2年期使用权,为达到产品生产标准,本月对该资产进行改良,共耗费120 000元,已用银行存款支付。该设备为基本生产车间使用。其账务处理如下:

(1)改良工程达到预定可使用状态交付使用时。
  借:长期待摊费用   120 000
    贷:银行存款   120 000
(2)该设备租赁期为两年,应在两年内摊销完毕,每月摊销费用为5 000元,每月月末记账如下:
  借:制造费用   5 000
    贷:长期待摊费用   5 000

(五)其他要素费用的核算

企业要素费用中的其他费用,是指除了前面所述各要素费用以外的费用,包括办公费、招待费、差旅费、工会经费、邮电费、租赁费、印刷费等。通常情况下,当上述费用发生时,往往需要结合受益部门进行账务处理。

  借:制造费用、管理费用、销售费用等
    贷:银行存款等

第二节 辅助生产费用的归集与分配

工业企业在生产经营过程中,有时会专设一些专门向基本生产部门和管理部门提供产品和劳务的辅助生产部门,因其生产的产品和提供的劳务的性质不同,而采用不同的核算方法。一般情况下,当辅助生产车间生产工具或模具时,可参照基本生产成本核算方法进行,而当辅助生产车间提供水电、动力、运输或修理时,则需要采用特定的方法进行分配。下面就对辅助生产费用归集和分配的具体方法进行详细说明。

一、辅助生产费用的归集

(一) 辅助生产费用的内容

辅助生产费用的内容主要包括辅助生产车间耗用的材料费用、外购动力费用、占用固定资产的折旧费用、机器设备的修理费以及辅助生产车间工作人员的工资和福利费等内容。从成本项目视角来看,辅助生产费用可以分成直接材料费、直接人工、制造费用以及辅助生产车间之间分配转入的费用等。这些成本项目金额往往通过"材料费用分配表""工资及福利费分配表""制造费用分配表""辅助生产费用分配表"获得。

辅助生产费用的归集与辅助生产的类型密切相关。在单品种辅助生产车间,其生产费用都是直接费用,一般可按成本项目直接归集计入所生产产品或劳务的成本。在多品种辅助生产车间,其生产费用有直接计入费用,也有间接计入费用,因此,需直接或分配归集各种产品或劳务的费用。此外,辅助生产车间之间相互提供服务的,需按一定程序、方法分配计算各辅助生产车间耗用其他辅助生产车间的产品或劳务的费用。

(二) 辅助生产费用归集的账户设置

1. 不通过"制造费用"账户核算方法的账户设置

如果企业辅助生产车间规模小,制造费用少又不对外提供产品或劳务,这时,辅助生产车间仅设置"生产成本——辅助生产成本"一级账户,不设置"制造费用"专门账户进行单独核算。同时,辅助生产明细账采用多栏式账页,按各成本项目与制造费用项目合并后设置专栏。所以,这种方法的账户设置较为简单,辅助生产车间费用归集完毕后可直接进行费用分配。

2. 通过"制造费用"账户核算方法的账户设置

如果企业辅助生产规模较大,制造费用较多,或者对外提供产品或劳务,在管理上要求单独归集辅助生产车间制造费用,并按规定成本项目计算成本,则辅助生产车间应设置"生产成本——辅助生产成本"和"制造费用——辅助生产车间"两个账户,在这种情况下,辅助生产车间制造费用通过"制造费用——辅助生产车间"账户归集后,月末分配转入"生产成本——辅助生产成本"账户中,而"生产成本——辅助生产成本"明细账则应按成本项目开设明细账或成本计算单,这种情况下的制造费用核算与产品基本生产成本的制造费用核算基本相同,此处不再作详细说明。

二、辅助生产费用的分配

通常情况下,辅助生产费用的分配采用的方法有直接分配法、一次交互分配法、计划成本分配法、代数分配法和顺序分配法五种。辅助生产费用的结转、分配程序参见二维码3-9。

◇ **知识活页**

二维码3-9

拓展阅读：辅助生产费用的结转、分配程序

（一）直接分配法

直接分配法是指将辅助车间生产费用仅在外部受益部门之间按照耗用数量进行分配,而不考虑辅助车间内部消耗的一种分配方法。这种分配方法具有计算手续简单、分配结果比较直观的优点。如果企业仅有一个辅助生产车间,或者各辅助生产车间之间没有相互提供产品或劳务,或者相互提供产品或劳务数量很少,则适宜采用这种方法。其计算公式如下：

$$辅助生产费用分配率 = \frac{辅助车间生产费用总额}{辅助车间提供的产品或劳务总量}$$

$$某受益单位应分配辅助生产费用 = 辅助生产费用分配率 \times 受益单位消耗量$$

[同步案例3-10] 某工业企业设有机修车间、运输车间两个辅助生产车间。20××年6月,机修车间发生直接费用240 000元,运输车间发生直接费用135 000元,两个辅助车间提供的详细劳务数量如表3-11所示。

表3-11 辅助生产车间提供的劳务

20××年6月

受益部门	机修车间（工时）	运输车间（吨/公里）
机修车间	—	9 000
运输车间	300	—

续表

受益部门	机修车间(工时)	运输车间(吨/公里)
基本生产车间	1 800	9 000
行政管理部门	600	18 000
合计	2 700	36 000

根据上述资料,采用直接分配法,编制辅助生产费用分配表如表 3-12 所示。

表 3-12 辅助生产费用分配表(直接分配法)

20××年 6 月

供应车间	待分配费用(元)	供应量	分配率	制造费用		管理费用	
				耗用量	分配额(元)	耗用量	分配额(元)
机修车间	240 000	2 400	100	1 800	180 000	600	60 000
运输车间	135 000	27 000	5	9 000	45 000	18 000	90 000
合计	375 000				225 000		150 000

账务处理如下:

借:制造费用　　　　　　　　　　　　　　　　　　　　　225 000
　　管理费用　　　　　　　　　　　　　　　　　　　　　150 000
　　贷:生产成本——辅助生产成本——机修车间　　　　　　240 000
　　　　　　　　　　　　　　　　——运输车间　　　　　　135 000

(二)一次交互分配法

一次交互分配法是指将辅助车间生产费用先在辅助车间之间进行交互分配,再采用直接分配法进行辅助生产费用分配的一种方法。这种方法一定程度上弥补了直接分配法的缺点,考虑辅助车间之间消耗的辅助生产费用,使辅助生产车间的成本计算更加准确。但这种分配方法计算手续比较复杂,特别是当企业实行二级成本核算时,将影响产品成本计算的及时性。所以,这种方法适用于辅助生产车间较少,且不分级核算的企业。其计算公式如下:

第一步,交互分配:

$$辅助生产费用交互分配率 = \frac{该辅助车间发生的直接费用总额}{该辅助车间提供的产品或劳务总量}$$

某受益辅助车间的分配费用 = 辅助生产费用交互分配率 × 受益辅助车间产品或劳务消耗量

第二步,对外分配:

$$某辅助生产费用对外分配率 = \frac{该辅助车间发生的直接费用总额 + 交互分配转入数 - 交互分配转出数}{该辅助车间对外提供的产品或劳务总量}$$

外部受益部门应分配的辅助生产费用 = 辅助生产费用对外分配率 × 外部受益部门消耗的辅助生产车间产品或劳务消耗量

仍以[同步案例 3-10]资料为例,采用一次交互分配法,编制辅助生产费用分配表如表 3-13 所示。

表 3-13　辅助生产费用分配表(一次交互分配法)

20××年 6 月　　　　　　　　　　　　　　　　　　　　　　　　　单位:元

摘要		交互分配率	对外分配率	辅助生产				制造费用		管理费用	
				机修车间		运输车间					
				数量	金额	数量	金额	数量	金额	数量	金额
交互分配前各车间发生费用及产量				2 700	240 000	36 000	135 000				
交互分配	机修	88.89				300	26 667				
	运输	3.75		9 000	33 750						
对外分配总额				2 400	247 083	27 000	127 917				
对外分配	机修		102.95					1 800	185 310	600	61 773*
	运输		4.74					9 000	42 660	18 000	85 257*
合计									227 970		147 030

注:加 * 号数字是倒挤出来的。

编制会计分录如下:

借:生产成本——辅助生产成本——机修车间　　　　　　　　　　33 750
　　　　　　　　　　　　　　　——运输车间　　　　　　　　　　26 667
贷:生产成本——辅助生产成本——运输车间　　　　　　　　　　33 750
　　　　　　　　　　　　　　　——机修车间　　　　　　　　　　26 667
借:制造费用　　　　　　　　　　　　　　　　　　　　　　　　 227 970
　　管理费用　　　　　　　　　　　　　　　　　　　　　　　　 147 030
贷:生产成本——辅助生产成本——机修车间　　　　　　　　　　247 083
　　　　　　　　　　　　　　　——运输车间　　　　　　　　　　127 917

(三)计划成本分配法

计划成本分配法是指基于事先确定的计划单位成本对辅助生产费用进行分配的一种方法。这种方法计算手续比较简单,而且计算的结果也比较准确,不仅提高了产品成本计算的及时性,而且还能考核各辅助生产车间成本计划完成情况,有利于加强管理。该方法适用于计划成本制定比较准确的企业,如果实际成本和计划成本差异较大,采用该方法将产生较大的差额。在会计处理方面,企业通常将实际成本大于计划成本的超支额计入管理费用,而将实际成本小于计划成本的节约额冲减管理费用。这种方法的计算公式为:

受益单位应分配的辅助生产费用=计划单位成本×该受益单位消耗辅助生产车间
　　　　　　　　　　　　　　　的产品或劳务量

某项辅助生产费用分配的差异额＝辅助生产费用实际成本－按计划成本分配的辅助生产费用

仍以[同步案例 3-10]资料为例，采用计划成本分配法，编制辅助生产费用分配表如表 3-14 所示。

表 3-14　辅助生产费用分配表（计划成本分配法）

20××年 6 月

供应量	计划单价	受益单位								按计划成本分配辅助生产费用	辅助生产实际成本	成本差异
		机修车间		运输车间		制造费用		管理费用				
		数量	金额	数量	金额	数量	金额	数量	金额			
2700	95			300	28 500	1 800	171 000	600	57 000	256 500	240 000	－16 500
36000	3.5	9 000	31 500			9 000	31 500	18 000	63 000	126 000	135 000	9 000
合计							202 500		120 000	382 500	375 000	－7 500

编制会计分录如下：

借：生产成本——辅助生产成本——机修车间　　　　　　　　　　　　　31 500
　　　　　　　　　　　　　　　　——运输车间　　　　　　　　　　　　28 500
　　制造费用　　　　　　　　　　　　　　　　　　　　　　　　　　　202 500
　　管理费用　　　　　　　　　　　　　　　　　　　　　　　　　　　120 000
　　贷：生产成本——辅助生产成本——机修车间　　　　　　　　　　　256 500
　　　　　　　　　　　　　　　　——运输车间　　　　　　　　　　　126 000
借：生产成本——辅助生产成本——机修车间　　　　　　　　　　　　　16 500
　　贷：生产成本——辅助生产成本——运输车间　　　　　　　　　　　9 000
　　　　管理费用　　　　　　　　　　　　　　　　　　　　　　　　　7 500

（四）代数分配法

代数分配法是将各辅助车间提供产品或劳务的单位成本假设为多元一次方程组的变量，基于各部门消耗量以及辅助生产费用总额构建方程组，进而获得产品或劳务单位成本，从而进行辅助生产费用分配的一种方法。该方法具有分配结果准确的优点，但当辅助车间较多时，变量也会相应增加，解方程的过程就比较烦琐。在建立多元一次方程组时，常常依据下列公式构建方程：

　　某辅助生产车间提供产品或劳务总量×该产品或劳务的单价
　＝该辅助生产车间直接费用＋该辅助生产车间消耗的其他辅助车间产品或劳务总量
　　×该产品或劳务的单价

仍以[同步案例 3-10]资料为例，采用代数分配法分配辅助生产费用。设机修车间每工时的修理成本为 x，运输车间每吨/公里的运输成本为 y。

根据有关资料，得联立方程组如下：

$$\begin{cases} 240\,000 + 9\,000y = 2\,700x \\ 135\,000 + 300x = 36\,000y \end{cases}$$

解此方程组得：

$$x = 104.4; y = 4.62$$

根据上述资料,编制辅助生产费用分配表如表 3-15 所示。

表 3-15　辅助生产费用分配表(代数分配法)

20××年 6 月　　　　　　　　　　　　　　　　　　　　　单位：元

摘　要		单位成本	辅助生产		制造费用	管理费用	合计
			机修车间	运输车间			
分配前发生费用			240 000	135 000			
提供劳务	机修车间			300	1 800	600	2 700
	运输车间		9 000		9 000	18 000	36 000
分配费用	机修车间	104.4		31 320	187 920	62 640	281 880
	运输车间	4.62	41 580		41 580	83 160	166 320
合计			41 580	31 320	229 500	145 800	448 200

编制会计分录如下：

借：生产成本——辅助生产成本——机修车间　　　　　　　　41 580
　　　　——辅助生产成本——运输车间　　　　　　　　31 320
　　制造费用　　　　　　　　　　　　　　　　　　229 500
　　管理费用　　　　　　　　　　　　　　　　　　145 800
　贷：生产成本——辅助生产成本——机修车间　　　　　　　　281 880
　　　　——辅助生产成本——运输车间　　　　　　　　166 320

(五)顺序分配法

顺序分配法是按照各辅助车间提供产品或劳务的多少进行分配的一种辅助生产费用分配方法。采用这种方法,需要将各辅助车间提供的产品或劳务按多少排序,耗用其他辅助车间费用少的辅助车间先分配,耗用其他辅助车间费用多的辅助车间后分配。采用顺序分配法分配辅助生产费用计算简便,各种辅助生产费用只计算一次。但是辅助生产车间分配顺序的确定有一定的难度,且排序可能随环境的变化而变化,这就增加了会计核算的困难。因此,顺序分配法一般适用于辅助生产车间相互提供产品或劳务有着明显的排列顺序,并且排列在前的辅助生产车间耗用较之排列在后的辅助生产车间费用更少等条件。其计算公式如下：

$$某辅助生产费用分配率 = \frac{该辅助车间发生的直接费用总额 + 分配转入费用}{该辅助车间提供的产品或劳务总量}$$

仍以[同步案例 3-10]资料为例,采用顺序分配法分配辅助生产费用。首先要按照受益多少将各辅助生产车间排序,根据代数分配的结果,可以看出运输车间受益最少,所以排在前面,其次是机修车间。采用顺序分配法的分配情况如表 3-16 所示。

表 3-16 辅助生产费用分配表(顺序分配法)

20××年6月

摘要		分配率	辅助生产车间		制造费用	企业管理部门
			机修车间	运输车间		
辅助生产车间	业务量		2 700	36 000		
	费用总额		240 000	135 000		
运输费分配	业务量		9 000		9 000	18 000
	金额(元)	3.75	33 750		33 750	67 500
机修费分配	业务量				1 800	600
	金额(元)	114.06			205 312.5	68 437.5
合计			33 750		239 062.5	135 937.5

编制会计分录如下:

 借:生产成本——辅助生产成本——机修车间   33 750
   制造费用   239 062.5
   管理费用   135 937.5
  贷:生产成本——辅助生产成本——运输车间   135 000
       ——辅助生产成本——机修车间   273 750

第三节 制造费用的归集与分配

一、制造费用的归集

制造费用,是指企业为生产产品和提供劳务而发生的各项间接费用。制造费用的内容比较复杂,包括企业生产车间发生的水电费、固定资产折旧、无形资产摊销、管理人员的职工薪酬、劳动保护费、季节性和修理期间的停工损失等。关于制造费用的详细内容请参考二维码 3-10。

◇ 知识活页

拓展阅读:制造费用的具体内容

制造费用的归集和分配,是通过"制造费用"总账科目进行的。该账户是集合分配账户,其借方反映企业一定时期内发生的全部制造费用,贷方反映制造费用的分配,月末一般无余额。通常制造费用归集和分配的会计分录为:

(1) 发生制造费用时。

借:制造费用
　　贷:原材料、应付职工薪酬、累计折旧等

(2) 月末,结转制造费用时。

借:生产成本——基本生产成本
　　贷:制造费用

为了满足管理上的需要,便于对车间发生的制造费用进行监督和控制,加强对车间制造费用预算的执行情况的分析和考核,各车间应分别设置制造费用明细账户,反映各车间制造费用的发生和分配情况。制造费用明细账如表 3-17 所示。

表 3-17　制造费用明细账　　　　　　　　　　　　　　单位:元

日期	摘要	机物料消耗	外购动力	职工薪酬	折旧费	修理费	水电费	劳动保护费	合计	转出
6.30	付款凭证					13 695.5		1 400	15 095.5	
	材料费用分配表	5 600							5 600	
	动力费用分配表		7 875						7 875	
	职工薪酬分配表			19 810					19 810	
	折旧费用分配表				12 792.5				12 792.5	
	辅助生产费用分配表						12 327		12 327	
	制造费用分配表									73 500
	合计	5 600	7 875	19 810	12 792.5	13 695.5	12 327	1 400	73 500	73 500

二、制造费用的分配

企业发生的制造费用,应当按照合理的分配标准按月分配计入各受益对象的生产成本。

在只生产一种产品的车间,发生的制造费用全部由该产品负担,即制造费用直接计入该产品成本明细账。在生产多种产品的车间,其共同发生的制造费用,才会有分配问题。本书主要介绍人工工时比例法、机器工时比例法、计划分配率分配法和累计分配率分配法。

(一)人工工时比例法

人工工时比例法(或生产工时比例法)是以各种产品所耗的实际(或定额)工时为标准来分配制造费用的,其计算公式如下:

$$制造费用分配率 = \frac{制造费用总额}{各种产品实际(或定额)工时总额}$$

某种产品应分配的制造费用 = 该种产品实际(或定额)工时 × 制造费用分配率

[同步案例3-11] 假设表3-17是某工业企业的制造费用明细账,20××年6月底待分配的制造费用总额为73 500元,其中甲产品生产工时为15 000小时,乙产品生产工时为5 000小时。采用人工工时比例法分配制造费用的计算过程如下:

制造费用分配率 = 73 500 ÷ (15 000 + 5 000) = 3.675(元/时)
甲产品应分配的制造费用 = 15 000 × 3.675 = 55 125(元)
乙产品应分配的制造费用 = 5 000 × 3.675 = 18 375(元)

根据上述计算结果,编制会计分录如下:

借:生产成本——基本生产成本——甲产品　　　　　　　　　　55 125
　　　　　　　　　　　　　　　——乙产品　　　　　　　　　　18 375
　贷:制造费用　　　　　　　　　　　　　　　　　　　　　　　73 500

(二)机器工时比例法

机器工时比例法是按照各种产品所用机器设备运转时间的比例分配制造费用的。在产品生产工艺过程机械化和自动化程度较高的生产车间里,可以采用机器工时为分配标准。根据是否考虑不同机器设备工时价值差异,可分别采用总机器工时或标准机器工时进行制造费用的分配。其计算公式如下:

$$制造费用分配率 = \frac{制造费用总额}{车间产品机器工时总数/标准工时总数}$$

某种产品应分配的制造费用 = 该种产品机器工时/标准机器工时 × 制造费用分配率

[同步案例3-12] 某工业企业生产甲、乙、丙和丁四种产品。20××年6月,其基本车间机器设备共计运行20 000小时,产生制造费用总额180 000元。其中,使用精密设备A生产甲产品运行4 000小时,生产乙产品运行3 000小时;使用普通设备B生产丙产品运行8 000小时,生产丁产品运行5 000小时。根据已有资料确定A、B设备工时系数为1.5∶1。

(1)若采用总机器工时分配法,则制造费用分配如下:

制造费用分配率 = 180 000/20 000 = 9(元/时)
甲产品应分配制造费用 = 4 000 × 9 = 36 000(元)

乙产品应分配制造费用＝3 000×9＝27 000(元)

丙产品应分配制造费用＝8 000×9＝72 000(元)

丁产品应分配制造费用＝5 000×9＝45 000(元)

(2) 若采用标准机器工时分配法，则制造费用分配如下：

甲产品标准工时＝4 000×1.5＝6 000(小时)

乙产品标准工时＝3 000×1.5＝4 500(小时)

制造费用分配率＝180 000/(6 000＋4 500＋8 000＋5 000)＝7.66(元/时)

甲产品应分配制造费用＝6 000×7.66＝45 960(元)

乙产品应分配制造费用＝4 500×7.66＝34 470(元)

丙产品应分配制造费用＝8 000×7.66＝61 280(元)

丁产品应分配制造费用＝5 000×7.66＝38 300(元)

(三) 计划分配率分配法

计划分配率分配法也被称为年度计划分配率分配法，是依据事先确定的制造费用分配率分配制造费用的一种分配方法。这种分配方法核算工作简便，简化了分配手续，便于及时计算产品成本，同时也有利于考核和检验制造费用预算执行情况。该方法适用于计划管理水平较高的企业，其计算公式如下：

$$年度计划分配率 = \frac{全年计划制造费用总额}{年度各种产品计划产量的定额工时总数}$$

某种产品应分配的制造费用＝该产品实际产量的定额工时数×年度计划分配率

[同步案例3-13]　某工业企业某车间全年制造费用计划为280 000元；计划生产甲产品20 000件，单件产品定额工时为4小时；计划生产乙产品10 000件，单件产品定额工时为6小时。20××年6月实际生产甲产品2 000件，乙产品1 000件，当月实际制造费用30 000元。采用计划分配率分配法分配制造费用步骤如下：

(1) 甲产品年度计划产量的定额工时＝20 000×4＝80 000(小时)

乙产品年度计划产量的定额工时＝10 000×6＝60 000(小时)

(2) 年度计划分配率＝280 000/(80 000＋60 000)＝2(元/时)

(3) 甲产品制造费用＝2 000×4×2＝16 000(元)

乙产品制造费用＝1 000×6×2＝12 000(元)

该车间制造费用总额＝16 000＋12 000＝28 000(元)

相应会计处理为：

借：生产成本——基本生产成本——甲产品　　　　　　　　　　　　16 000

　　　　　　　　　　　　　——乙产品　　　　　　　　　　　　12 000

　贷：制造费用　　　　　　　　　　　　　　　　　　　　　　　　28 000

此时，实际制造费用大于计划分配率分配法计算所得的制造费用，该差额将留存在制造费用账户的借方。年末如果"制造费用"有余额，就是全年制造费用的实际发生额与计划分配额的差额,可按照各种产品已分配数的比例将差额计入12月份成本中。

(四)累计分配率分配法

累计分配率分配法是指仅将制造费用分配给完工产品,而暂不对未完工产品分配制造费用,等完工后再进行分配的一种分配方法。累计分配率的分配标准,可采用人工工时分配法、机器工时分配法和计划分配率分配法中的任何一种。这种分配方法的优点是当完工产品批次少、未完工产品批次多的时候,将简化会计核算的工作量。但是,若各月制造费用相差较多的时候,则会影响产品成本的准确核算。其计算公式如下:

$$制造费用累计分配率 = \frac{制造费用期初余额 + 本月发生的制造费用}{各种产品累计分配标准之和}$$

完工产品应分配的制造费用 = 完工产品累计分配标准 × 制造费用累计分配率

[同步案例3-14] 某工业企业20××年6月生产甲、乙、丙、丁四批产品,甲产品已经生产500小时,本月新增投入2 500小时,已经完工;本月新投产乙产品2 000小时,丙产品2 500小时,丁产品500小时,但均未完工。本月初制造费用为3 000元,本月发生制造费用29 000元。采用累计分配率分配法分配制造费用,计算步骤如下:

$$制造费用累计分配率 = \frac{3\ 000 + 29\ 000}{500 + 2\ 500 + 2\ 000 + 2\ 500 + 500} = 4(元/时)$$

甲产品应分配的制造费用 = (500 + 2 500) × 4 = 12 000(元)

第四节 废品损失和停工损失的核算

企业生产过程中发生的各种损失,称为生产损失。生产损失一般包括废品损失和停工损失两类。生产损失在不同的企业里,数额的大小是不一样的。产生生产损失的原因有很多,包括生产工艺水平、材质、工人的素质、企业管理水平等。因此,企业在生产过程中,不可避免地会产生一些损失。如果生产损失的数额较小,为了简化成本核算的工作量,可不进行核算。但若数额较大,为了控制生产损失,使其不断降低,同时,也为了明确经济责任,提高企业管理水平,保证生产的正常进行,有必要进行生产损失的核算。

一、废品损失核算

一般情况下,按废品的废损程度和在经济上是否具有修复价值,废品可分为可修复废品和不可修复废品两类。可修复废品是指该废品在技术上是可以修复的,而且在修复加工过程中所支付的费用在经济上是合算的(具备两个条件)。不可修复废品是指该废品在技术上是不可修复的,或者虽能修复但在经济上不合算(不同时具备两个条件)。

(一)废品损失的归集

为了归集基本生产车间废品损失,一般可设置"废品损失"账户,对正常废品范围内的废品损失,计入制造费用,也可以在"生产成本——基本生产成本"明细账中设"废品损失"成本项目。设置的"废品损失"账户可作为一级(总分类)账户,也可将其作为"生产成本——基本生产成本"的三级账户,应按车间分产品设明细账,账内按成本项目设专栏进行核算。不可修复废品的生产成本和可修复废品的修复费用在"废品损失"账户借方归集,而废品残料回收的价值和应收的赔偿款记入"废品损失"账户贷方。借方发生额大于贷方发生额的废品净损失,转入当月生产的同种产品中,由合格品负担,从"废品损失"账户贷方直接或分配转入"生产成本——基本生产成本"及其所属明细账。经过结转后,"废品损失"账户月末无余额。

(二)废品损失的核算及账务处理

可修复废品损失和不可修复废品损失,其含义不同,计算、归集等方法也有所区别。前述文字以设置"废品损失"账户为例阐述账务处理程序。不设置"废品损失"账户时,废品损失核算的相关内容见二维码3-11。

二维码3-11

拓展阅读:不设置"废品损失"账户时,废品损失的核算

1. 可修复废品损失的核算

(1)返修发生的各种费用的会计处理。
　　借:废品损失——×××产品
　　　　贷:原材料、应付职工薪酬、制造费用等
(2)有残料回收或应收赔偿款的会计处理。
　　借:原材料
　　　　其他应收款
　　　　贷:废品损失——×××产品

(3) 修复废品净损失的会计处理。
借:生产成本——基本生产成本
贷:废品损失——×××产品

[**同步案例 3-15**] 某工业企业对本月发生的可修复废品进行修复,投入材料费用 6 000 元,人工工资薪酬 3 000 元,应由过失人赔偿 1 000 元。相关会计处理如下。

(1) 返修发生的各种费用的会计处理。

借:废品损失——甲产品   9 000
  贷:原材料   6 000
    应付职工薪酬——应付工资福利费   3 000

(2) 应收过失人赔偿。

借:其他应收款   1 000
  贷:废品损失——甲产品   1 000

(3) 结转废品净损失,计入产品成本。

借:生产成本——基本生产成本——甲产品(废品损失)   8 000
  贷:废品损失——甲产品   8 000

 2. 不可修复废品损失的核算

不可修复废品损失是指不可修复废品的生产成本扣除废品残值、赔偿款后的净损失。

在废品损失的归集与分配过程中,不可修复废品成本的计算是关键。进行不可修复废品损失的核算,应先计算截至报废时已经发生的废品生产成本。由于废品报废以前发生的各项费用是与合格产品一起计算的,因此,应采用一定的方法,将某种产品的成本在合格产品和废品之间进行分配,从而计算出不可修复废品的生产成本,然后扣除残值和应收赔款,计算出废品损失。本书主要介绍不可修复废品按废品所耗实际费用核算的方法。关于不可修复废品按废品所耗定额费用核算的方法,本书不做要求,学有余力的同学可参考二维码 3-12 进行学习。

◇ **知识活页**

二维码 3-12

拓展阅读:不可修复废品按废品所耗定额费用核算的方法

按废品所耗实际费用计算的方法,是指按成本项目将实际发生的生产费用在合格产品与废品之间进行分配。在计算不可修复废品成本时,看其是发生在制造过程的中途还是最后阶段,这和废品数量的确定及其费用分配有着直接的关系。分配的标准取决于废品发生的不同阶段：①若废品发生在完工入库时，合格品和废品应负担同等的费用，可以按两者的产量直接分配；②若废品发生在生产过程中，原材料一次性投入，则原材料费用按产量分配，其他费用按工时分配；③若废品发生在生产过程中，原材料在生产不同工序分次投入，并与完工程度一致，则按废品的约当产量（见第四章第二节）为标准分配。

[同步案例3-16] 假定某工业企业某车间生产甲产品200件，生产过程中发现其中10件为不可修复废品。该产品成本明细账所记合格品和废品共发生的生产费用为：原材料费用80 000元，工资及福利费44 000元，制造费用76 000元，合计200 000元。原材料是在生产开始时一次性投入的，其他费用按生产工时比例分配，生产工时为：合格品18 500小时，废品1 500小时，合计20 000小时。废品回收的残料计价2 000元。

根据上述不可修复废品损失核算方法，应编制下列会计分录。

（1）将废品生产成本从其所记的"生产成本——基本生产成本"账户和所属明细账的贷方转出。

借：废品损失——甲产品　　　　　　　　　　　　　　　　　　200 000
　　贷：生产成本——基本生产成本——甲产品（原材料）　　　　 80 000
　　　　　　　　　　　　　　　　——甲产品（工资福利费）　　 44 000
　　　　　　　　　　　　　　　　——甲产品（制造费用）　　　 76 000

（2）回收废品残料价值。

借：原材料　　　　　　　　　　　　　　　　　　　　　　　　2 000
　　贷：废品损失——甲产品　　　　　　　　　　　　　　　　 2 000

（3）假定应收过失单位赔款为3 000元，记录应收赔款。

借：其他应收款　　　　　　　　　　　　　　　　　　　　　　3 000
　　贷：废品损失——甲产品　　　　　　　　　　　　　　　　 3 000

（4）将废品净损失195 000（200 000－2 000－3 000）元，分配计入同种合格品的成本，记入A产品成本明细账"废品损失"成本项目。

借：生产成本——基本生产成本——甲产品（废品损失）　　　　195 000
　　贷：废品损失——甲产品　　　　　　　　　　　　　　　　195 000

二、停工损失的核算

停工损失是指企业的生产车间或车间内某个班组在停工期间所发生的各项费用。停工损失主要包括停工期间发生的原材料费用、应支付给职工的工资、计提的应付福利费和应分配的制造费用等。由过失单位或保险公司负担的赔款，应从停工损失中扣除。

停工损失的核算是指对发生的停工损失进行的归集、结转和分配。为单独核算停工损失，可增设"停工损失"科目，在生产成本明细账中可增设"停工损失"成本项目。停工期间所发生的费用，均属于停工损失。"停工损失"科目是为了归集和分配停工损失而设立的。该科目的借方登记发生的停工损失，贷方登记予以转销的停工损失。"停工损失"应按车间设立明细账进行明细核算,账内按成本项目分设专栏或专行进行停工损失核算。企业发生停工损失时,应根据不同情况做如下会计处理。

 1. 企业设置"停工损失"总账的会计处理

（1）企业发生停工损失时,做如下会计分录。
　　借:停工损失
　　　贷:原材料
　　　　　应付职工薪酬——应付工资
　　　　　　　　　　——应付福利费
　　　　制造费用
（2）向责任人或保险公司取得的赔款金额,应做如下会计分录。
　　借:其他应收款
　　　贷:停工损失
（3）如果是季节性、修理期间发生的停工损失,由生产期间的产品负担的,应在实际发生时计入制造费用,会计分录如下。
　　借:制造费用
　　　贷:原材料、应付职工薪酬等
（4）如果是非季节性、非修理期间发生的停工损失,应列入"营业外支出"科目,做如下会计分录。
　　借:营业外支出
　　　贷:停工损失
（5）如果是停电、设备故障导致的应由产品成本负担的停工损失,则应转入产品成本,会计分录如下。
　　借:生产成本——基本生产成本——×产品(停工损失)
　　　贷:停工损失
经过上述处理后,"停工损失"科目应无余额。

 2. 企业不设置"停工损失"总账的会计处理

在不单独核算停工损失的企业中,不设立"停工损失"会计科目和成本项目。停工期间发生的属于停工损失的各种费用,直接记入"制造费用"和"营业外支出"等科目。具体账务处理步骤如下。
（1）企业发生停工损失时。
　　借:生产成本——基本生产成本——×产品(停工损失)
　　　贷:应付职工薪酬、制造费用等
（2）明确停工损失原因时。

借:其他应收款、营业外支出、制造费用等
　　贷:生产成本——基本生产成本——×产品(停工损失)

期末,"停工损失"成本项目如有借方余额,即为应由产品成本负担的停工损失。

◇ 练习与思考

一、客观题

二维码 3-13
客观题

二维码 3-14
客观题答案

二、综合题

二维码 3-15
综合题答案

(一)练习材料费用的分配

海东企业 20××年 7 月生产的甲、乙两种产品共同耗用 A、B 两种原材料,耗用量无法按产品直接划分。具体资料如下:

1. 甲产品投产 400 件,原材料消耗定额为 A 材料 8 千克,B 材料 3 千克。
2. 乙产品投产 200 件,原材料消耗定额为 A 材料 5 千克,B 材料 4 千克。
3. 甲、乙两种产品实际消耗总量为:A 材料 4 116 千克,B 材料 2 060 千克。
4. 材料实际单价为:A 材料 8 元/千克,B 材料 6 元/千克。

要求:根据定额消耗量的比例,分配甲、乙两种产品的原材料费用,填入表 3-18。

表 3-18　原材料费用分配表

20××年 7 月　　　　　　　　　　　　　　　　　　　　单位:元

原　材　料		A 材料	B 材料	原材料实际成本
甲产品 投产(　)件	消耗定额(千克)			
	定额消耗量(千克)			
乙产品 投产(　)件	消耗定额(千克)			
	定额消耗量(千克)			
定额消耗总量(千克)				
实际消耗总量(千克)				
消耗量分配率				
实际消耗量 的分配	甲产品			
	乙产品			
原材料实际单位成本				

续表

原材料		A 材料	B 材料	原材料实际成本
原材料费用	甲产品			
	乙产品			
	合计			

（二）练习材料费用、人工费用的分配

海东企业有两个基本生产车间和一个供电车间、一个机修车间。第一生产车间生产 A 产品和 B 产品，第二生产车间生产 C 产品。

1．耗用材料的分配

（1）该厂 20××年 7 月份材料成本差异率为±4%（包括燃料）。

（2）第一生产车间 A、B 两种产品共同耗用原材料按定额费用的比例进行分配，共同耗用燃料按 A、B 两种产品的产量比例分配（原材料、燃料耗用情况见表 3-19、表 3-20）。两种产品的产量及定额资料如下：A 产品产量 1 000 件，原材料单件消耗定额 30 元；B 产品产量 1 400 件，原材料单件消耗定额 25 元。

2．人工费用的资料

（1）该企业 20××年 7 月各车间、部门的工资费用汇总表见表 3-21。

（2）第一生产车间生产工人的工资及福利费，按 A、B 两种产品的生产工时进行分配，A 产品生产工时为 28 000 小时，B 产品生产工时为 30 000 小时，第二生产车间只生产一种 C 产品，所以其生产工人工资及福利费全部计入 C 产品的成本（该厂提取的职工福利费按工资额的 14%计提）。

表 3-19　原材料耗用汇总表

20××年 7 月　　　　　　　　　　　　　　　　　　　　　　　　单位：元

领料车间、部门	用　　途	计划成本
第一生产车间	制造 A 产品	39 000
第一生产车间	制造 B 产品	31 000
第一生产车间	制造 A、B 产品共同耗用	78 000
第一生产车间	机器设备维修用	2 600
第一生产车间	劳动保护用	800
第一生产车间	一般性消耗	1 600
第二生产车间	制造 C 产品	46 000
第二生产车间	机器设备维修用	1 300
第二生产车间	劳动保护用	730
第二生产车间	一般性消耗	1 100
供电车间	生产用	12 000
机修车间	生产用	13 500

续表

领料车间、部门	用　　途	计 划 成 本
企业管理部门	固定资产经常维修用	900
合计		228 530

表 3-20　燃料耗用汇总表

20××年 7 月　　　　　　　　　　　　　　　　　　　　单位:元

领 料 车 间	用　　途	计 划 成 本
第一生产车间	制造 A、B 产品共同耗用	9 600
第二生产车间	制造 C 产品	6 800
合计		16 400

表 3-21　工资费用汇总表

20××年 7 月　　　　　　　　　　　　　　　　　　　　单位:元

车间、部门	各 类 人 员	工　　资
第一生产车间	生产工人	12 400
	管理人员	900
第二生产车间	生产工人	5 800
	管理人员	700
供电车间	车间人员	1 400
机修车间	车间人员	2 600
企业管理部门	管理人员	4 500
合计		28 300

要求:

(1) 根据资料 1,编制"燃料费用分配表"(填入表 3-22)和"原材料费用分配表"(填入表 3-23)。

(2) 根据资料 2,编制"工资及福利费用分配表"(填入表 3-24)。

(3) 根据以上各分配汇总表编制会计分录。

表 3-22　燃料费用分配表

20××年 7 月　　　　　　　　　　　　　　　　　　　　单位:元

分配对象	产量(件)	燃料					
		间接分配部分(计划成本)		直接计入部分(计划成本)	计划成本合计金额	材料成本差异(4%)	实际成本合计
		分配率	应分配费用				
A 产品							
B 产品							

续表

分配对象	产量(件)	燃料					
		间接分配部分(计划成本)		直接计入部分(计划成本)	计划成本合计金额	材料成本差异(4%)	实际成本合计
		分配率	应分配费用				
小计							
C产品							
小计							
合计							

表 3-23 原材料费用分配表

20××年7月　　　　　　　　　　　　　　　　　　　　　单位：元

应借账户		成本或费用项目	产量(件)	本月消耗			计划价格	直接耗用(计划成本)	原材料计划成本合计	材料成本差异(4%)	原材料实际成本合计
				单位耗用定额	耗用总额	分配率					
基本生产成本	A产品	原材料									
	B产品	原材料									
	小计										
	C产品	原材料									
制造费用	第一车间	消耗材料									
		修理费									
		劳动保护费									
	第二车间	消耗材料									
		修理费									
		劳动保护费									
辅助生产成本	供电车间	材料费									
	机修车间	材料费									
管理费用											
合计											

表 3-24　工资及福利费用分配汇总表

20××年7月　　　　　　　　　　　　　　　　　　　　　单位：元

应借账户		实用工时（小时）	工资		提取的福利费		合计
			分配率	应分配费用	分配率	应分配费用	
基本生产成本	A产品						
	B产品						
	小计						
	C产品						
小计							
制造费用	第一车间						
	第二车间						
小计							
辅助生产车间	供电车间						
	机修车间						
小计							
管理费用							
合计							

三、简答题

1. 如何选择各种要素费用的分配方法？其分配标准主要有哪些？怎样概括分配间接费用的计算公式？

2. 采用交互分配法时，交互分配和对外分配所要分配的费用和劳务数量有什么不同？

3. 采用顺序分配法分配辅助生产费用时各车间的顺序如何确定？这种分配方法有何特点？

4. 不同制造费用分配的方法有什么区别？

5. 不可修复废品与可修复废品有什么区别？不可修复废品的不同计算方法有什么区别？

二维码 3-16

简答题答案

◇ 本章知识链接

1. 张胜.做顶尖成本会计应知应会 150 问[M].北京：中国海关出版社，2011.

2. 贺志东.企业成本会计操作指南[M].北京：电子工业出版社，2014.

第四章　生产费用在完工产品和在产品之间的分配与核算

◇ **学习目标**

本章要求掌握在产品和完工产品成本核算的内容，掌握完工产品和在产品成本计算的模式以及特定方法，理解各种方法的应用条件和范围。

1. **知识目标**

掌握生产费用在在产品和完工产品之间分配的主要方法。

2. **能力目标**

理解在选择在产品和完工产品之间费用分配方法时应考虑的具体条件。

3. **情感目标**

培养学生如何运用约当产量法核算以适应产品生产的复杂、个性化趋势。

◇ **学习重难点**

1. 约当产量核算法。
2. 定额成本核算法。
3. 定额比例核算法。

◇ **本章关键词**

约当产量法；定额比例法；定额成本法

◇ 导入案例

20××年6月,某制造企业第一车间已经归集的甲产品生产费用为320 000元,其中材料费用160 000元,人工费用56 000元,制造费用104 000元;乙产品生产费用为200 000元,其中材料费用120 000元,人工费用60 000元,制造费用20 000元。甲、乙两种产品的材料均在生产开始时一次性投入。甲产品需要经过三个车间,乙产品只需要经过一个车间。

要求:(1)采用约当产量法确定月末在产品的材料费用约当产量和其他费用约当产量,编制"月末在产品约当产量计算表"。

(2)在本期完工产品与月末在产品之间分配生产费用,确定月末在产品成本与完工产品成本,编制甲、乙产品的"生产费用分配表"。

第一节 在产品的核算

在第三章中,我们讲述了将企业产品生产过程中发生的生产费用进行归集和分配的方法及其账务处理,生产费用最终全部记入了"生产成本——基本生产成本"账户中。考虑到当月投入生产的产品不一定全部完工,要准确核算完工产品的成本,就需要将当月生产费用总和在完工产品和在产品之间进行分配。通常情况下,月初在产品生产费用、当月发生的生产费用、当月完工产品成本和月末在产品成本之间存在如下数学关系:

月初在产品生产费用+当月发生的生产费用=当月完工产品成本+月末在产品成本

上式中,等号左侧是当月产品生产费用总和,表现为"生产成本——基本生产成本"账户的借方余额。通过移项变化,可得:

当月完工产品成本=月初在产品生产费用+当月发生的生产费用-月末在产品成本

由上述关系式可知,如果能够核算出月末在产品成本,那么就可以用倒挤法推算出当月完工产品成本。因此,在产品成本的核算就成为正确计算当月完工产品成本的关键。

一、在产品的定义

在产品有广义和狭义之分。广义在产品是就企业整体而言尚未完工的产品,不仅包括各个生产步骤正在加工中的在产品,还包括已完工转入半成品库和以后各步骤继续加工但尚未最后完工制成产成品的半成品,以及未经验收入库的完工产品和待返修的废品。狭义的在产品是就各个生产步骤而言尚未完工的产品,包括各个生产步骤正在加工的产品以及已经加工完毕但尚未转入产品仓库的产品。本书的在产品特指狭义的在产品。

二、在产品核算

在产品的核算包括日常核算与在产品清查两个部分。在产品清查的财务处理详见二维码 4-1。

◇ 知识活页

拓展阅读:在产品清查的账务处理

在产品的日常核算通常是通过产品台账进行的。常见的在产品收发结存账如表 4-1 所示,包括台账名称、在产品名称或编号、车间名称以及产品单位等信息。通常情况下,在产品台账应采用实际盘存数量来计算在产品成本,但对于在产品品种多、数量大,按月实地盘点存在困难的企业,也可以采用月末结存数量简化在产品成本计算。

表 4-1　在产品收发结存账

在产品名称或编号:×××　　　　　　车间名称:××车间　　　　　　单位:件

月	日	摘要	转入		转出			结存		备注
			凭证号	数量	凭证号	合格品	废品	完工	未完工	
		合计								

第二节　生产费用在完工产品和在产品之间分配的主要方法

根据财政部 2014 年发布的企业产品成本核算制度,制造企业在计算产品成本时,需要结合产品生产特点,并考虑成本管理的要求,分期结算完工产品成本。通常情况下,企业按月核算产品生产成本,往往根据月末在产品数量的多少、月末在产品数量变化情况、生产费用耗用情况,还要考虑企业定额管理的水平等条件,选择一定的方法将生产费用总和在完工产品和在产品之间进行分配。如何既合理又简便地在完工产品和月末在产品之间分配费用,是产品成本计算工作中一个重要而复杂的问题。常用的方法有原材料成本核算法、约当产量核算法、定额成本核算法、定额比例核算法以及其他分配方法。下面对上述方法进行逐一介绍,并举例说明。

一、原材料成本核算法

原材料成本核算法是指仅将直接材料在完工产品和在产品之间进行分配,而将工资福利费等加工费用全部由完工产品负担的一种方法。在这种方法下,完工产品的成本计算方法为:

当月完工产品成本＝月初在产品生产费用＋当月发生的生产费用
－月末在产品直接材料费用

这种方法适用于直接材料费用在产品成本中占比较大,同时月末在产品数量较大、各期间月末在产品数量变化也较大的完工产品成本计算,诸如造纸业、酿酒业和纺织业均可采用这种方法。

[同步案例4-1] 某工业企业第一车间生产甲产品,该产品的直接材料费用在成本中占比较大,完工产品和在产品之间的费用分配采用原材料成本核算法进行计算。20××年6月初,第一车间的尚未完工的甲产品成本为3万元,当月投入的直接材料费为22万元,工资及福利费为0.7万元,第一车间的一般耗用为0.2万元。当月完工甲产品800件,尚未生产完工的甲产品200件。生产甲产品所需的材料是在生产开始的时候一次性投入的,该材料费用按完工产品和在产品的数量比例进行分配。其分配计算过程如下:

直接材料费用分配率＝(30 000＋220 000)÷(800＋200)＝250(元/件)
完工产品原材料费用＝800×250＝20(万元)
月末在产品原材料费用＝200×250＝5(万元)
完工产品成本＝20＋0.7＝20.7(万元)

上述计算过程没有考虑直接材料在生产过程中的损耗情况,如果直接材料在生产过程中损耗比重较大,还需要将各工序在产品消耗的直接材料数量进行还原,折合成未经加工的直接材料数量以后,计算出月末在产品的直接材料费用。

[同步案例4-2] 某工业企业各个工序的计划损耗率为20%,20××年6月末的在产品数量为2 000千克,直接材料的采购价格为10元/千克,则

6月末在产品消耗的直接材料数量＝2 000÷(1－20%)＝2 500(千克)
6月末在产品直接材料费用＝2 500×10＝25 000(元)

二、约当产量核算法

约当产量核算法是指将月末在产品按其完工程度折算为相当于完工产品的产量,即约当产量,然后再以完工产品数量和在产品约当产量为依据,将生产费用在完工产品和在产品之间进行分配的一种方法。与原材料成本核算法中在产品只计算直接材料费用不同,采用约当产量核算法时,在产品成本不仅包括直接材料费用,还包括工资福利费等加工费用。这种方法适用于产品成本中直接材料和工资福利费等加工费用相差不大、月末在产品数量较多、各期间月末在产品数量变化也较大的完工产品成本计算。

(一)约当产量核算法的步骤

约当产量核算法的计算公式为:

月末在产品的约当产量＝月末在产品的数量×完工百分比

某项生产费用分配率＝该项生产费用总和÷(完工产品产量＋在产品约当产量)

完工产品该项费用＝完工产品产量×该项费用分配率

在产品该项费用＝在产品约当产量×该项费用分配率
　　　　　　　＝该项费用总额－完工产品该项费用

[同步案例4-3]　某工业企业生产甲产品,本月完工250件,月末在产品200件,完工程度为75％。当月甲产品发生的直接材料费为160 000元,工资福利费等加工费为60 000元。原材料投入的程度与产品完工程度一致。

甲产品直接材料费和工资福利费等加工费应分配计算如下:

月末在产品约当产量＝200×75％＝150(件)

直接材料费用分配率＝160 000÷(250＋150)＝400(元/件)

工资及福利费用分配率＝60 000÷(250＋150)＝150(元/件)

完工产品直接材料费用＝400×250＝100 000(元)

完工产品工资及福利费＝150×250＝37 500(元)

月末在产品原材料费用＝400×200＝80 000(元)

月末在产品工资及福利费＝150×200＝30 000(元)

(二)产品完工百分比的计算

由约当产量法核算步骤可知,产品完工率的计算对于准确核算完工产品成本具有重要意义。为了提高在产品成本计算的准确性和及时性,在产品完工程度往往结合各生产环节定额工时进行测算,其计算公式为:

$$某道工序在产品完工百分比 = \frac{前面各道工序工时定额之和＋本工序工时定额×50\%}{产品工时定额}$$

通过计算获得某产品的在产品完工百分比后,就可以结合各工序中该产品在产品的数量计算其约当产量,最后将各工序该产品在产品的约当产量进行加总,就可以得到该产品在产品的约当产量总数。

[同步案例 4-4] 某工业企业甲产品定额工时为 50 小时,需要两个车间共同完成,其中,第一车间的定额工时为 20 小时,在产品数为 100 件,第二车间的定额工时为 30 小时,在产品数为 200 件。

那么,甲产品在产品的完工百分比计算过程为:

$$第一车间完工百分比 = \frac{20 \times 50\%}{50} \times 100\% = 20\%$$

$$第二车间完工百分比 = \frac{20 + 30 \times 50\%}{50} \times 100\% = 70\%$$

如果已知第一车间的甲产品在产品数为 100 件,第二车间的甲产品在产品数为 200 件,则甲产品在产品的约当产量为:

甲产品在第一车间在产品的约当产量 = $100 \times 20\% = 20$(件)

甲产品在第二车间在产品的约当产量 = $200 \times 70\% = 140$(件)

甲产品在产品的约当产量 = $20 + 140 = 160$(件)

假定,当月甲产品完工 440 件,月初在产品中制造费用与本月新增制造费用总计 60 000 元。完工甲产品和月末甲产品在产品的制造费用应分配计算如下:

制造费用分配率 = $60\ 000 \div (440 + 160) = 100$(元/件)

月末完工产品制造费用 = $440 \times 100 = 44\ 000$(元)

月末在产品制造费用 = $160 \times 100 = 16\ 000$(元)

如果原材料不是在生产开始的时候一次性投入,也不是随着工序陆续投入的,那么原材料投料程度与产品完工百分比不一致。此时,应根据每个工序的原材料投料情况,计算产品完工百分比,并以此为基础在完工产品和在产品之间分配直接材料费用。

[同步案例 4-5] 某工业企业甲产品生产需要经过两个工序,其中,第一车间消耗原材料 70 千克,第二车间消耗原材料 30 千克。该产品完工百分比计算如下:

$$第一车间完工百分比 = \frac{70 \times 50\%}{100} \times 100\% = 35\%$$

$$第二车间完工百分比 = \frac{70 + 30 \times 50\%}{100} \times 100\% = 85\%$$

如果原材料是在每个工序开始时一次性投入的,则每个工序消耗的原材料为该工序定额消耗,相应地,该工序完工率均为 100%。仍以同步案例 4-5 为例,如果原材料是在每个工序开始时一次性投入的,则该产品完工百分比计算如下:

$$第一车间完工百分比 = \frac{70}{100} \times 100\% = 70\%$$

$$第二车间完工百分比 = \frac{70 + 30}{100} \times 100\% = 100\%$$

（三）约当产量法下的先进先出法

约当产量法下的先进先出法是假设先投产的产品先完工，并以此作为生产费用流转依据，将生产费用在完工产品和在产品之间分配的一种方法。具体计算公式为：

当月完工产品约当产量＝月初在产品当月生产的约当产量
　　　　　　　　　　＋当月投产当月完工的产品数量
　　　　　　　　　　＝月初在产品数量×（1－上月完工百分比）
　　　　　　　　　　＋（当月投产数量－月末在产品数量）
　　　　　　　　　　＝月初在产品数量×（1－上月完工百分比）
　　　　　　　　　　＋（当月完工产品数－月初在产品数量）

月末在产品约当产量＝月末在产品数量×月末在产品完工百分比

获得当月完工产品约当产量及月末在产品约当产品后，就可以进行各类成本项目费用的分配了，具体公式如下：

某成本项目分配率＝该成本项目当月生产费用÷（当月完工产品约当产量
　　　　　　　　＋月末在产品约当产量）

月末在产品某成本项目费用＝月末在产品约当产量×该成本项目当月费用分配率
完工产品某成本项目费用＝月初在产品该项费用＋当月该项目生产费用
　　　　　　　　　　　－月末在产品该项费用
　　　　　　　　　　　＝月初在产品该项费用＋当月完工产品约当产量
　　　　　　　　　　　×该项费用当月分配率

[**同步案例4-6**] 某工业企业生产甲产品，20××年6月完工甲产品1 000件，月初在产品150件，月末在产品280件，各工序在产品数量如表4-2所示。甲产品的生产需要经过三个车间，其中第一车间原材料定额60千克，工时定额4小时；第二车间原材料定额30千克，工时定额10小时；第三车间原材料定额30千克，工时定额6小时。月初在产品成本和本月发生生产费用资料如表4-3所示。

表 4-2　月初和月末在产品数量　　　　　　　　　　　　　　单位：件

成 本 项 目	第 一 车 间	第 二 车 间	第 三 车 间
月初在产品	40	60	50
月末在产品	100	60	120

表 4-3　月初在产品成本和本月发生生产费用资料　　　　　　单位：元

成 本 项 目	原　材　料	工资福利费	制造费用
月初在产品	6 000	2 400	3 000
本月生产费用	100 000	30 000	40 000

采用约当产量法下的先进先出法计算步骤如下：

1)计算原材料约当产量及费用分配

(1)计算各车间直接材料完工百分比。

第一车间完工百分比＝60×50％÷120＝25％

第二车间完工百分比＝(60＋30×50％)÷120＝62.5％

第三车间完工百分比＝(60＋30＋30×50％)÷120＝87.5％

(2)计算月初在产品约当产量。

第一车间月初在产品约当产量＝40×(1－25％)＝30(件)

第二车间月初在产品约当产量＝60×(1－62.5％)＝22.5(件)

第三车间月初在产品约当产量＝50×(1－87.5％)＝6.25(件)

月初在产品约当产量合计＝30＋22.5＋6.25＝58.75(件)

(3)计算当月完工产品约当产量。

当月完工产品约当产量＝58.75＋1 000－150＝58.75＋1 130－280＝908.75(件)

(4)计算月末在产品约当产量。

第一车间月末在产品约当产量＝100×25％＝25(件)

第二车间月末在产品约当产量＝60×62.5％＝37.5(件)

第三车间月末在产品约当产量＝120×87.5％＝105(件)

月末在产品约当产量合计＝25＋37.5＋105＝167.5(件)

(5)计算直接材料费用在完工产品和在产品之间的分配。

直接材料费用分配率＝(100 000＋6 000)÷(908.75＋167.5)＝98.49(元/件)

月末在产品直接材料费用＝167.5×98.49＝16 497.075(元)

完工产品直接材料费用＝(100 000＋6 000)－16 497.075＝89 502.925(元)

2)计算直接人工及制造费用的约当产量及费用分配

(1)计算各车间完工百分比。

第一车间完工百分比＝4×50％÷20＝10％

第二车间完工百分比＝(4＋10×50％)÷20＝45％

第三车间完工百分比＝(4＋10＋6×50％)÷20＝85％

(2)计算月初在产品约当产量。

第一车间月初在产品约当产量＝40×(1－10％)＝36(件)

第二车间月初在产品约当产量＝60×(1－45％)＝33(件)

第三车间月初在产品约当产量＝50×(1－85％)＝7.5(件)

月初在产品约当产量合计＝36＋33＋7.5＝76.5(件)

(3)计算当月完工产品约当产量。

当月完工产品约当产量＝76.5＋1 000－150＝76.5＋1 130－280＝926.5(件)

(4)计算月末在产品约当产量。

第一车间月末在产品约当产量＝100×10％＝10(件)

第二车间月末在产品约当产量＝60×45％＝27(件)

第三车间月末在产品约当产量＝120×85％＝102(件)

月末在产品约当产量合计＝10＋27＋102＝139(件)

(5) 计算直接人工及制造费用在完工产品和在产品之间的分配。

直接人工分配率＝(30 000＋2400)÷(926.5＋139)＝30.41(元/件)

月末在产品直接人工＝139×30.41＝4 226.99(元)

完工产品直接人工＝(30 000＋2 400)－4 226.99＝28 173.01(元)

制造费用分配率＝(3 000＋40 000)÷(926.5＋139)＝40.36(元/件)

月末在产品制造费用＝139×40.36＝5 610.04(元)

完工产品制造费用＝(3 000＋40 000)－5 610.04＝37 389.96(元)

根据以上计算资料，甲产品生产费用计算单如表4-4所示。

表4-4　甲产品生产费用计算单

产量：1000件　　　　　　　　　　20××年6月　　　　　　　　　　单位：元

成 本 项 目		直接材料	直接人工	制造费用	合　　计
月初在产品成本		6 000	2 400	3 000	11 400
本月生产费用		100 000	30 000	40 000	170 000
生产费用合计		106 000	32 400	43 000	181 400
约当产量分配率		97.58	30.41	40.36	
完工产品	约当产量(件)	908.75	926.5	926.5	
	成本	89 502.925	28 173.01	37 389.96	155 065.895
月末在产品	约当产量(件)	167.5	139	139	
	成本	16 497.075	4 226.99	5 610.04	26 334.105

上述计算是在产品生产周期在1个月以内的情况下进行的，即月初在产品成本全部由本月完工产品负担。若产品生产周期超过1个月，那么，月初在产品在本月不能全部完工，部分成为本月月末在产品。这时采用约当产量法下的先进先出法计算就较为麻烦，需将月初在产品成本在本月完工的月初在产品和本月尚未完工的月初在产品之间分配，本月生产费用仍需按本月约当产量分配，月末在产品成本包括各月未完工的月初在产品成本以及本月对其继续生产的费用和本月投产未完工产品本月的费用。而完工产品成本则包括本月已完工部分的月初在产品成本以及本月对其继续生产至完工的费用。

◇ 知识活页

二维码 4-2

拓展阅读：产品投入数量与产出数量不一致的约当产量计算

三、定额成本核算法

定额成本核算法是指月末在产品采用定额成本进行核算,相应完工产品生产成本的计算公式为:

当月完工产品成本＝月初在产品生产费用＋当月发生的生产费用－月末在产品定额成本

由上式可知,生产费用脱离定额的节约差异或超支差异完全由完工产品负担。因此,采用这种分配方法需要各成本项目消耗定额较准确且稳定,同时月末在产品数量变化不大。

[同步案例4-7] 某工业企业生产甲、乙两种产品,20××年6月末在产品数量分别为:甲产品300件,乙产品80件。该企业已经核定了不同成本项目的定额消耗,其中,甲产品材料费用为220元/件,乙产品材料费用为100元/件,燃料动力费为0.6元/时,工资福利费为0.5元/时,制造费用为0.8元/时,原材料在生产开始的时候一次性投入。根据上述信息,编制甲、乙在产品定额成本计算表如表4-5所示。

表4-5 月末在产品定额成本计算表

20××年6月

所在工序	在产品数量(件)	直接材料		在产品定额工时	燃料动力(0.6元/时)	直接人工(0.5元/时)	制造费用(0.8元/时)	定额成本合计(元)
		费用定额(元/件)	定额费用					
甲	300	220	66 000	1 800	1 080	900	1 440	69 420
乙	80	100	8 000	800	480	400	640	9 520
合计			74 000		1 560	1 300	2 080	78 940

四、定额比例核算法

定额比例核算法是指当月生产费用总和在完工产品和在产品之间的分配按照两者的定额消耗量或定额费用比例进行的一种方法。其中,原材料费用按照产品的材料定额消耗量或定额费用进行分配,而工资福利等加工费按照定额工时或定额费用进行分配。这种方法适用于各成本项目消耗定额或定额费用较准确稳定且月末在产品数量变化较大的产品。

(1) 基于定额消耗量的定额比例核算法公式为:

$$原材料费用分配率 = \frac{月初在产品实际消耗原材料 + 本月实际消耗原材料}{完工产品原材料定额量 + 月末在产品原材料定额量}$$

$$其他费用分配率 = \frac{月初在产品负担的工时 + 本月实际投入的工时}{完工产品定额工时 + 月末在产品定额工时}$$

其中,在产品定额工时＝在产品约当产量×完工产品工时定额

完工产品原材料费用＝完工产品定额消耗量×原材料费用分配率

完工产品其他费用＝完工产品定额消耗量×其他费用分配率

月末在产品原材料费用＝月末在产品定额消耗量×原材料费用分配率

月末在产品其他费用＝月末在产品定额消耗量×其他费用分配率

(2) 基于定额费用的定额比例核算法公式为：

$$原材料费用分配率 = \frac{月初在产品实际消耗原材料费用 + 本月实际消耗原材料费用}{完工产品原材料定额费用 + 月末在产品原材料定额费用}$$

$$其他费用分配率 = \frac{月初在产品负担的工时费用 + 本月实际投入的工时费用}{完工产品定额工时 + 月末在产品定额工时}$$

完工产品原材料费用＝完工产品定额费用×原材料费用分配率

完工产品其他费用＝完工产品定额费用×其他费用分配率

月末在产品原材料费用＝月末在产品定额费用×原材料费用分配率

月末在产品其他费用＝月末在产品定额费用×其他费用分配率

[同步案例 4-8] 某工业企业生产甲产品的月初在产品成本及本月生产费用如表 4-6 所示，产品生产费用定额资料如表 4-7 所示。在完工产品与在产品之间，直接材料按照原材料定额费用比例分配，其他费用按照定额工时比例进行分配，分配结果如表 4-8 所示。

表 4-6　月初在产品成本和本月发生生产费用资料　　　　　　　　　　　单位：元

成本项目	直接材料	直接人工	制造费用
月初在产品	1 400	6 000	40 000
本月生产费用	8 200	30 000	20 000

表 4-7　甲产品生产费用定额资料

类别	数量（件）	原材料定额（元）	工时定额（小时）
完工产品	4 000	8 000	5 000
期末在产品	1 000	2 000	1 000

表 4-8　完工产品与月末在产品费用分配表

20××年6月　　　　　　　　　　　　　　　　　　　　　　　单位：元

成本项目		直接材料	直接人工	制造费用	成本合计
月初在产品费用		1 400	40 000	1 400	47 400
本月生产费用		8 200	20 000	8 200	58 200
生产费用累计		9 600	60 000	9 600	105 600
费用分配率		0.96 元/件	10 元/时	1.6 元/时	
完工产品费用	定额	8 000	5 000	5 000	
	实际	7 680	50 000	8 000	65 680
月末在产品费用	定额	2 000	1 000	1 000	
	实际	1 920	10 000	1 600	13 520

第三节 生产费用在完工产品和在产品之间分配的其他方法

一、在产品按年初余额核算法

采用这种分配方法时,各月末在产品的成本固定不变。这种方法适用于各月末在产品数量较小,或者在产品数量虽大、但各月之间变化不大的产品。对于月末在产品数量较小的产品来说,由于月初和月末在产品费用较小,月初在产品费用与月末在产品费用的差额很小,算不算各月在产品费用的差额对于完工产品费用的影响不大;对于各月末在产品数量较大的产品来说,月初和月末在产品费用虽然较大,但由于各月末在产品数量变化不大,因而月初、月末在产品费用的差额仍然不大,算不算各月在产品费用的差额对于完工产品费用的影响仍然不大。因此,为了简化产品成本计算工作,上述两种产品的每月在产品成本都可以固定不变。

二、在产品按完工产品计算法

采用这种分配方法时,在产品视同完工产品分配费用。这种方法适用于月末在产品已经接近完工,或者已完工只是尚未包装或尚未验收入库的产品。因为这种情况下的在产品成本已经接近完工产品成本,为了简化产品成本计算工作,在产品可以视同完工产品,按两者的数量比例分配原材料费用和各项加工费用。

[同步案例 4-9] 假定某工业企业某种产品的月初在产品费用及本月生产费用如表 4-9 所示,本月完工产品 900 件,月末在产品 300 件。月末在产品都已完工,尚未验收入库,采用在产品按完工产品计算的过程如表 4-9 所示。

表 4-9 在产品成本计算表(在产品按完工产品计算)

20××年6月   单位:元

成本项目	月初在产品费用	本月生产费用	生产费用累计	费用分配率(元/件)	完工产品 数量(件)	完工产品 费用	月末在产品 数量(件)	月末在产品 费用
直接材料	1 400	8 200	9 600	8	900	7 200	300	2 400
直接人工	6 000	30 000	36 000	30	900	27 000	300	9 000
制造费用	40 000	20 000	60 000	50	900	45 000	300	15 000
合计	47 400	58 200	105 600	88		79 200		26 400

三、不计算在产品成本法

采用这种分配方法时,虽然有月末在产品,但不计算成本。这种方法适用于各月月末在产品数量很小的产品。因为各月月末在产品的数量很小,那么月初和月末在产品费用就很小,月初在产品费用与月末在产品费用的差额更小,算不算各月在产品费用对于完工产品费用的影响很小。因此,为了简化产品成本计算工作,可以不计算在产品成本。也就是说,这种产品每月发生的生产费用,全部由该月完工产品负担,其每月生产费用之和也就是每月完工产品成本。

◇ 练习与思考

一、综合题

1. 某企业生产甲产品,需要三个车间共同完成。甲产品工时定额为 200 小时。其中:第一车间 100 小时,第二车间 30 小时,第三车间 70 小时。假设各工序在产品在本工序的完工程度均为 50%。在产品数量为:第一车间 800 件,第二车间 1200 件,第三车间 600 件。

二维码 4-3
综合题答案

要求:计算各车间在产品的完工程度和约当产量。

2. 某工业企业某产品有关成本计算的资料如表 4-10 所示。

表 4-10 某产品成本计算资料

项 目	第一车间	第二车间	第三车间	第四车间
单位产品每车间定额工时(小时)	30	20	15	5
单位产品每车间原材料定额成本(元)	200	250	100	80
月末在产品数量(件)	220	200	300	400

要求:
(1) 计算产品每个车间的完工程度。
(2) 在原材料陆续投料方式下,计算产品每个车间的投料程度。
(3) 分别计算在产品的原材料和加工费的约当产量。

3. 某车间生产甲产品,本月完工产品 360 件,月末在产品 540 件。其中:第一车间 200 件,第二车间 160 件,第三车间 180 件。期初在产品成本和本月发生费用合计为:直接材料 86 400 元,直接人工 64 800 元,制造费用 75 600 元。原材料在开工时一次性投入,月末在产品完工程度均按 50% 计算。

要求:采用约当产量比例法计算完工甲产品总成本和月末在产品成本,并做出相应的会计分录。

4. 某工业企业生产甲产品时的在产品采用年初数固定计算的方法。上年末在产品的成本为：直接材料 200 元，燃料动力 350 元，直接人工 600 元，制造费用 250 元。本月发生费用资料如下：直接材料 20 000 元，燃料动力 10 000 元，直接人工 15 000 元，制造费用 8 000 元。

要求：填写表甲产品成本明细账，见表 4-11。

表 4-11　甲产品成本明细账　　　　　　　　　　　　　　　　　　　　单位：元

项　目	直接材料	燃料动力	直接人工	制造费用	合　计
期初在产品					
本期发生					
合　计					
完工产品成本					
月末在产品					
完工产品转出					

5. 某工业企业生产甲、乙两种产品，在产品成本采用原材料成本核算法。月初在产品直接材料为 3 000 元，本月发生费用为：直接材料 12 000 元，燃料动力 300 元，直接人工 4 000 元，制造费用 1 260 元。本月完工产品 850 件，月末在产品 150 件。该产品原材料在开工时一次性投入。

要求：计算完工产品和月末在产品成本，并填入表 4-12。

表 4-12　完工产品和月末在产品成本　　　　　　　　　　　　　　　　单位：元

项　目	直接材料	燃料动力	直接人工	制造费用	合　计
期初在产品					
本期发生					
合　计					
分配率（千克/件）					
完工产品成本					
月末在产品					
完工产品转出					

6. 甲产品由两道工序制成。原材料随生产进度分工序投入，在每个车间开始工作时一次性投入。第一车间投入原材料定额为 260 千克，月末在产品数量 3 000 件，第二车间投入原材料定额为 240 千克，月末在产品数量 2 300 件。完工产品为 8 400 件，月初在产品原材料费用和本月发生的实际原材料费用累计 620 000 元。

要求：

（1）分别计算两个车间按原材料消耗程度表示的在产品完工率。

（2）分别计算两个车间按原材料消耗程度表示的在产品的约当产量。

（3）按约当产量比例法分配完工产品与月末在产品的原材料费用。

7. 某工业企业生产乙产品。6月初在产品费用为：原材料费用 1 600 元，工资福利费 3 500元，制造费用 2 000 元。本月投入费用：原材料费用 8 800 元，工资福利费 8 600 元，制造费用 6 200 元。本月完工产品 4 000 件，单件原材料费用定额 2 元，单件工时定额 1.5 小时。月末在产品 1 000 件，单件原材料费用定额 2 元，工时定额 1 小时。

要求：采用定额比例法分配计算完工产品与月末在产品费用。

8. 20××年 6 月，某制造企业第一车间已经归集的甲产品生产费用为 320 000 元，其中直接材料 160 000 元，直接人工 56 000 元，制造费用 104 000 元；乙产品生产费用为 200 000 元，其中直接材料 120 000 元，直接人工 60 000 元，制造费用 20 000 元。甲、乙两种产品的材料均在生产开始时一次性投入。甲产品需要经过三个车间，乙产品只需要经过一个车间。其他有关资料分别如下。

(1) 各工序的产品工时定额如表 4-13 所示。

表 4-13　产品工时定额表

产品名称	工时定额（小时）			
	第一车间	第二车间	第三车间	合计
甲产品	6	4	10	20
乙产品		8		8

(2) 月末，一车间对甲、乙产品的月末在产品进行实地盘点，盘点结果如表 4-14 所示。

表 4-14　月末在产品盘存表

20××年 6 月 30 日　　　　　　　　　　　　　　　　　　　　单位：件

产品名称	生产工序			合　计
	第一车间	第二车间	第三车间	
甲产品	30	40	20	90
乙产品		60		60

(3) 本月产品入库情况如表 4-15 所示。

表 4-15　产品入库单

20××年 6 月 30 日　　　　　　　　　　　　　　　　　　　　单位：件

产品名称	入库数量	备　注
甲产品	900	
乙产品	1 920	

要求：

(1) 采用约当产量法确定月末在产品的材料费用约当产量和其他费用约当产量，编制"月末在产品约当产量计算表"，如表 4-16、4-17 所示。

(2) 在本期完工产品与月末在产品之间分配生产费用，确定月末在产品成本与完工产品成本，编制甲、乙产品的"生产费用分配表"，如表 4-18、4-19 所示。

(3) 根据甲、乙产品的"生产费用分配表"及产品入库单，编制完工产品入库的记账凭证。

(4) 根据记账凭证登记"生产成本——基本生产成本"明细账。

表 4-16　月末在产品材料费用约当产量计算表

生产车间：　　　　　　　　　　20××年6月

项　目	产　品				产　品
	第一车间	第二车间	第三车间	合计	
投料比例					
在产品数量(件)					
材料消耗比例					
约当产量(件)					

表 4-17　月末在产品其他费用约当产量计算表

生产车间：　　　　　　　　　　20××年6月

项　目	产　品				产　品
	第一车间	第二车间	第三车间	合计	
工时定额(小时)					
在产品数量(件)					
完工程度					
约当产量(件)					

表 4-18　甲产品生产费用分配表

生产车间：　　　　　　　　　　20××年6月

项　目	计量单位	成本项目			合　计
		直接材料	直接人工	制造费用	
期初在产品成本	—				
本月发生生产费用	元				
本月生产费用合计	元				
本期完工产品数量	件				
月末在产品数量	件				
在产品约当产量	件				
约当总产量	件				
费用分配率	件/元				
月末在产品成本	元				
完工产品总成本	元				
完工产品单位成本	元				

表 4-19　乙产品生产费用分配表

生产车间：　　　　　　　　　　　　20××年 6 月

项　目	计 量 单 位	成本项目			合　　计
		直接材料	直接人工	制造费用	
期初在产品成本	—				
本月发生生产费用	元				
本月生产费用合计	元				
本期完工产品数量	件				
月末在产品数量	件				
在产品约当产量	件				
约当总产量	件				
费用分配率	件/元				
月末在产品成本	元				
完工产品总成本	元				
完工产品单位成本	元				

二、思考题

1. 在产品和产成品成本的核算应完成哪些任务？
2. 约当产量法的特点和适用范围是什么？
3. 在产品定额成本核算法与定额比例核算法有何异同？

二维码 4-4
思考题
答题思路

第五章 产品成本计算方法概述

◇ **学习目标**

本章要求了解产品生产按生产工艺和生产组织的分类,熟悉生产特点和管理要求对成本计算对象、成本计算期等的影响,掌握成本计算基本方法和辅助方法的划分。

1. **知识目标**

掌握成本计算的基本方法和辅助方法。

2. **能力目标**

根据企业生产特点和管理需求选择合适的成本计算方法。

3. **情感目标**

将节能降耗和成本计算方法相结合。

◇ **学习重难点**

1. 生产特点和管理需求对成本计算对象和成本计算期的影响。
2. 成本计算基本方法和辅助方法的标志。

◇ **本章关键词**

生产工艺;生产流程;基本方法;辅助方法

◇ 导入案例

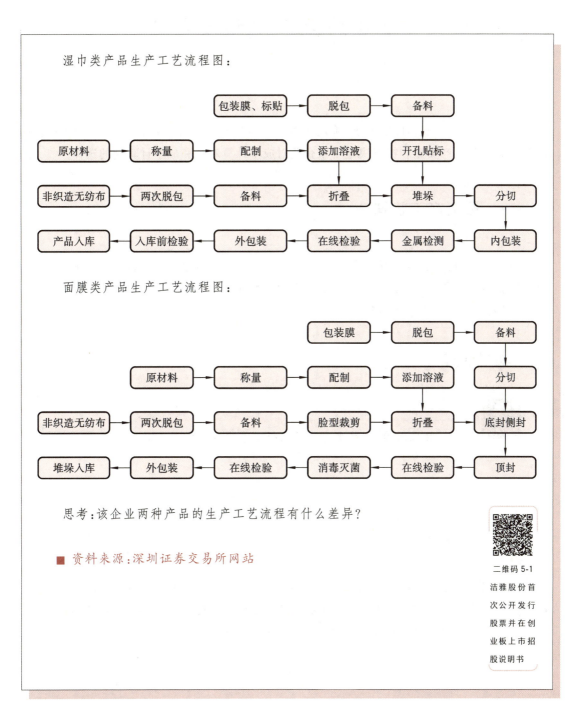

思考：该企业两种产品的生产工艺流程有什么差异？

■ 资料来源：深圳证券交易所网站

二维码 5-1 洁雅股份首次公开发行股票并在创业板上市招股说明书

第一节 企业的生产类型及特点

根据成本核算一般程序的要求,确定成本计算对象和成本计算期是开设成本明细账的前提,而企业的生产类型和特点决定了该企业对成本计算对象和成本计算期的选择。

一、按生产工艺划分

生产工艺是指产品生产所选择的方法、技术等,具体来说,是利用原材料和半成品、工人的活劳动、生产机器等将产品生产出来的一系列技术和工艺。按生产工艺划分,企业的生产类型可以划分为单步骤生产和多步骤生产。

◇ **知识活页**

拓展阅读:制药生产工艺流程三维演示动画

二维码 5-2

(一)单步骤生产

单步骤生产,也即简单生产,是指产品生产工艺流程不能间断,不能划分为几个生产步骤,没有中间产品或半成品的生产。单步骤生产的生产周期通常较短,只能由一家企业安排组织生产,而不能由几家企业合作进行生产。常见的企业存在于发电、采掘等行业。

(二)多步骤生产

多步骤生产,也即复杂生产,是指产品生产工艺流程由独立的几个生产步骤共同组成的生产。这种生产可以由一家企业完成,也可以由几家企业协作完成,各生产步骤之间可以间断,也可以在不同的时间展开。常见的企业类型有纺织、钢铁、机械、造纸、服装等。多步骤生产又可划分为连续式生产和装配式生产。连续式生产是指生产步骤虽然可以间断,但原材料经过每一个生产步骤的先后顺序是一定的,最终的产成品要连续地经过若干个生产步骤才能完工。装配式生产是指生产步骤可间断,其中若干个生产步骤是可以同时进行的,相互之间可以完全不影响,最后在装配环节将前面生产的零件、部件装配成产品的生产,也被称作平行加工式生产。

二、按生产组织划分

根据各企业生产组织方式的不同,企业的生产类型可划分为大量生产、成批生产和单件生产。

(一) 大量生产

大量生产是指企业重复、大量地生产相同的一种或几种产品。这种类型生产的企业里,产品种类一般较少,每种产品的产量都比较大,品种稳定。常见的行业类型有采掘、纺织、面粉、冶金等。

(二) 成批生产

成批生产是指企业通常按照订单、计划中确定的批别和数量安排生产。这种类型生产的企业里,产品种类通常较多,各批次产品之间有一定的差异,也有一定的重复性,可以进行大批量生产,也可以进行小批量生产。常见的行业有服装、器械等。其中,大批量生产类似于大量生产,小批量生产类似于单件生产。

(三) 单件生产

单件生产是企业根据订单要求,生产特殊的、个性化的产品。这种类型生产的企业里,产品种类很多,产量较少,重复性很低。常见的行业有重型机械制造、船舶制造等。

通常情况下,单步骤生产和连续式生产多为大量生产或成批生产,装配式生产可以是大量生产、成批生产和单件生产。

第二节 生产特点和管理要求对产品成本计算的影响

如前所述,不同企业的生产工艺流程和生产组织方式存在较大差异,这种差异以及企业成本管理上的要求使企业在进行成本核算时会选择不同的成本核算方法,成本核算方法的不同主要体现在成本计算对象、成本计算期、生产费用在完工产品和在产品之间的分配这三个方面。

一、成本计算对象

成本计算对象是指企业在进行各项费用的归集和分配时而确定的费用承担者。企业在开设成本明细账时,要先确定成本计算对象,比如某产品、某批次产品、某生产步骤等,根据成本计算对象来归集和分配生产费用。

在单步骤生产企业,没有中间产品和半成品,只有最终的产成品,因此只能以产品品种作为成本计算对象;在多步骤生产企业,如果是大量生产、成批生产,企业可以将产品品种作为成本计算对象,可根据需要按批次计算产品成本,也可根据管理和销售半成品的需要按生产步骤计算产品成本;在多步骤生产企业,如果是单件生产,则可以按产品品种作为成本计算对象。当然,成本计算对象的确定不仅仅要考虑生产工艺流程和生产组织方式,也要综合考虑企业的规模和管理的需要。企业规模比较小的,管理上不要求分步骤计算产品成本的,可以按产品品种或产品批次进行成本计算;企业规模比较大的,管理上要求分步骤计算产品成本的,可以按产品生产步骤进行成本计算。

二、成本计算期

成本计算期是指企业进行成本计算的期限。产品成本计算期和产品的生产周期不一定一致,主要由企业生产组织方式决定。在大批、大量生产的企业,每个月基本上都有大量产品完工,产品的生产周期较短,为了核算成本和利润,企业需要按月进行产品成本的计算,成本计算期和产品生产周期不一致;在小批量、单件生产的企业,每个月不一定有产品完工,完工产品成本通常在各批或单件产品完工后计算,成本计算期和产品生产周期通常就是一致的,与会计期间不一致,成本计算期是不固定的,虽然不需要结转完工产品成本,但费用仍需要按月进行归集和分配。

三、生产费用在完工产品和在产品之间的分配

生产类型的不同决定了月末在产品的数量,从而影响完工产品和在产品之间费用的分配。在单步骤生产企业,生产不能间断,一般没有在产品,生产费用通常不需要在完工产品和在产品之间进行分配。在多步骤生产企业,如果是大批、大量生产,每月都会有大量产品完工,也会有大量产品还在生产线上,月末就需要选择一定方法将生产费用在完工产品和在

产品之间进行分配;如果是小批、单件生产,通常是按批次或品种进行成本计算,在产品完工前都是以在产品形式存在,成本计算期不固定,产品完工时生产费用即是完工产品成本,通常不需要在完工产品和在产品之间进行费用分配。

第三节 产品成本计算的基本方法和辅助方法

企业在生产类型和管理上的不同导致成本计算对象、成本计算期和生产费用在完工产品和在产品之间的分配等存在差异,企业需要根据实际情况选择合适的成本计算方法。

一、产品成本计算的基本方法

企业在进行成本计算、开设成本明细账时,首先要确定成本计算对象,因此产品成本计算的基本方法习惯以成本计算对象进行命名,分别为品种法、分批法和分步法。这三种方法是以确定成本计算对象为出发点的,可以解决不同生产类型企业的成本核算,是产品成本计算不可缺少的方法。

(一)品种法

品种法是以产品品种为计算对象的成本计算方法,适用于单步骤、大量生产,企业通常产品品种单一,如发电、采掘等行业;也可用于管理上不需要计算半成品成本或不需要分步骤计算产品成本的多步骤、大量、大批产品生产,如小型面粉厂、水泥厂等。

(二)分批法

分批法是以产品批次为计算对象的成本计算方法,适用于单步骤、小批、单件生产,如修理企业、专用模具制造;也可用于管理上不需要分步骤计算产品成本的多步骤、小批、单件生产,如重型机械制造、飞机制造、船舶制造等。

(三)分步法

分步法是以生产步骤为计算对象的成本计算方法,适用于管理上要求分步骤计算产品成本的多步骤、大批、大量生产,如纺织、冶金、机械制造等。

二、产品成本计算的辅助方法

产品成本计算的基本方法解决了工业企业成本核算的基本问题,但有些企业产品存在品种繁多、规格复杂的特点,有些企业对成本管理和成本控制的要求比较高,有些企业实行标准化生产,等等。这些不同的生产情况和管理要求对成本计算提出了更高的要求。因此,为了解决这些问题,产品成本计算的辅助方法也在实务中得到广泛应用,常见的辅助方法有分类法、定额法和标准成本法。

(一)分类法

分类法是将企业的众多产品根据性能、质量或其他标准划分为几大类,在按照品种法、分批法或者分步法计算出各大类产品成本之后,在每类产品内部再进行成本分配。分类法适用于产品品种繁多、规格复杂、差异不大的企业,如针织厂、灯泡厂等。

(二)定额法

定额法是在成本计算的过程中以定额成本为基础,通过脱离定额差异、定额变动差异等及时地发现实际成本和定额成本的差异,是一种事前管理,可以更好地对成本进行分析和监督。定额法适用于企业定额管理基础较好、长期以来都通过定额来控制和管理各项投入和产出的企业。

(三)标准成本法

标准成本法是在成本计算的过程中实现成本的标准化管理,将实际发生的成本和标准成本进行比较,标准成本是依据现有生产经营条件制定的理想、正常或现实标准成本。

产品成本计算的辅助方法与企业的生产类型没有直接联系,不影响成本计算对象的确定,使用这些方法是为了更好地完成成本计算工作,可能简化成本核算工作,可能加强了成本的管控,不是企业成本核算必不可少的方法,而是优化成本核算工作的方法。因此,这些方法被称作辅助方法,必须与品种法等基本方法结合使用,不能单独使用。

对企业来说,不管采用什么方法进行产品成本的计算,成本的最终归属都是产品品种。因此,品种法是产品成本计算基本方法中最基本的方法,分批法和分步法也是以品种法为基础的,是对品种法的改进或者多次运用。

◇ 练习与思考

一、客观题

二维码 5-3
客观题

二维码 5-4
客观题答案

二、思考题

1. 生产工艺流程会如何影响成本核算？
2. 生产组织方式会如何影响成本核算？
3. 如何理解成本核算的基本方法和辅助方法？

二维码 5-5
思考题
答题思路

◇ 本章知识链接

1. 企业产品成本会计编审委员会.企业产品成本会计核算详解与实务[M].北京：人民邮电出版社，2020.

2. 查尔斯·T·亨格瑞，斯里坎特·M·达塔尔，马达夫·V·拉詹.成本与管理会计[M].15 版.王立彦，刘应文，译.北京：中国人民大学出版社，2016.

第六章　产品成本计算的基本方法

◇ **学习目标**

本章要求掌握品种法、分批法、分步法的特点、适用范围及核算程序,理解简化分批法的应用条件,理解逐步结转分步法中成本还原的原理,理解平行结转分步法中完工产品和广义在产品的范围。

1. **知识目标**

掌握三种基本方法的核算原理。

2. **能力目标**

熟练运用三种方法进行成本核算。

3. **情感目标**

培养学生如何运用传统成本核算适应产品生产的复杂化、个性化趋势。

◇ **学习重难点**

1. 简化分批法中成本的核算。
2. 逐步结转分步法中各步骤成本的结转和成本还原。
3. 平行结转分步法中成本在完工产品和广义在产品之间的分配。

◇ **本章关键词**

简化分批法;综合结转法;成本还原;平行结转分步法

◇ **导入案例**

2019年3月22日,扬州海昌新材股份有限公司内核管理部经现场核查后出具了内核初审报告,提请项目组关注以下主要问题,项目组对其进行了落实。

报告期内,发行人主营业务毛利率分别为46.50%、42.28%和43.54%,变化趋势与上游大宗原材料价格变化趋势不一致。请项目组简要介绍发行人目前成本核算模式,提请项目组关注发行人如何从内控角度保证上千个品类个性化产品成本及毛利核算的准确性。

项目组回复:

发行人目前成本核算模式基于多品种、多批次、多工序的生产特点,目前发行人的成本分配方法以各个品种的标准工序参数为依据,采用平行结转分步法进行成本核算。

成本核算的基础数据如下。

成本参数:产品工艺流程参数是生产成本分配的基础,将每种产品在各个工序中耗用的各项费用单位定额成本作为产品成本的分配参数。

成本要素:根据产品特性和生产流程,将成本要素分为:直接材料、直接人工、模具费用、配件费用、委外费用、设备折旧、电费、水费、各类气体、各类油剂、包装成本及其他制造费用。不同的成本要素采用不同的分配方法,第1项直接材料按照单位耗用定额进行分配,后续项目按照工序及定额进行分配。

基础表:基础表是生产成本分配的数据来源,包括:原辅材料入库汇总表、原辅材料领用汇总表;成品库出/入库汇总表;销售汇总表;在产品汇总表;成本归集表等。

发行人根据现有产品生产工艺和生产地点的不同,将生产成本划分成二个成本核算对象,包括:压制成形车间、注塑成形车间。月末,成本核算人员根据参数表和基础表按照平行结转分步法进行成本计算,具体计算步骤如下。

(1)第一次分配(计算每个产品的生产成本):当月全部生产成本在各产品的在产品和产成品之间进行分配,计算出当月各产品的实际生产成本。其中直接材料是根据投产(成形)重量进行分配,其余费用分配依据是约当产量。分配过程:按照单位定额成本(成本参数)乘以重量求出分配标准,根据定额成本中各个要素系数计算出产品的单位生产成本(RMB/T)。

(2)第二次分配(计算入库成本):将当月各产品实际发生的生产成本及上期结存生产成本在在产品和产成品之间分配,计算出各完工产品的单位成本及总成本。分配过程:通过期初在产品成本和本期生产成本的加权计算出产品单位入库成本。

思考:平行结转分步法适用于哪些企业?

二维码6-1
扬州海昌新材股份有限公司首次公开发行股票并在创业板上市之发行保荐工作报告

■ **资料来源:深圳证券交易所网站**

第一节 品种法

一、品种法的含义和特点

品种法是以产品品种作为成本计算对象,归集和分配生产费用,计算产品成本的一种方法。企业无论是何种生产类型,生产何种产品,也不论企业成本管理要求如何,各种产品成本计算方法最终都必须计算出各个产品的实际总成本和单位成本。根据品种法含义,按照产品品种计算产品成本是成本计算的最起码的要求。因此,品种法是产品成本计算的最基本方法。

(一) 成本计算对象

品种法以产品品种作为成本计算对象,并据以设置产品成本明细账归集生产费用和计算产品成本。如果企业生产的产品不止一种,就需要以每一种产品作为成本计算对象,分别设置产品成本明细账。

(二) 成本计算期

由于大量、大批的生产是不间断的连续生产,无法按照产品的生产周期来归集生产费用,计算产品成本,因而只能定期按月计算产品成本,从而将本月的销售收入与产品生产成本配比,计算本月损益。因此,产品成本是定期按月计算的,与会计报告期一致,与产品生产周期不一致。

(三) 费用在完工产品和在产品之间的分配

如果大量、大批的简单生产采用品种法计算产品成本,由于简单生产是一个生产步骤就完成了整个生产过程,所以月末(或者任何时点)一般没有在产品,因此,计算产品成本时不需要将生产费用在完工产品和在产品之间进行分配;如果管理上不要求分步骤计算产品成本的大量、大批的复杂生产采用品种法计算产品成本,由于复杂生产是需要经过多个生产步骤的生产,所以月末(或者任何时点)一般生产线上都会有在产品,因此,计算产品成本时就需要将生产费用在完工产品和在产品之间进行分配,根据具体情况选择合适的分配方法。

二、品种法的成本计算程序

使用品种法进行成本计算时,通常采用下列程序。

(一)开设成本明细账

会计部门根据生产部门下达的"生产任务通知单"开设产品成本明细账和产品成本计算单,根据费用发生情况确定成本项目。

(二)归集生产费用

根据各项要素费用发生的原始凭证等资料,编制要素费用分配表,对各品种产品直接耗费的要素费用,直接计入各品种产品明细账;根据辅助生产车间发生的费用,编制辅助生产费用分配表,并根据受益原则将辅助生产费用进行分配;根据间接发生的要素费用和辅助生产车间分配的费用,编制制造费用分配表,根据受益原则分配制造费用,计入各品种产品明细账。

(三)分配生产费用

对于同时完工的各品种产品,在完工当月将归集的生产费用全部结转入完工产品成本。对于有部分产品完工的各品种产品,可采用定额成本等计算出完工产品成本,从归集的生产费用减去完工产品成本,计算出在产品成本;也可采用约当产量法或定额比例法对生产费用进行分配,分别计算出完工产品和在产品成本。月末将陆续完工产品的成本汇总计算,编制成本计算单和完工产品成本汇总表,结转完工入库产品成本。

三、品种法举例

[**同步案例 6-1**] 某工业企业设有一个基本生产车间和供电、机修两个辅助生产车间,大量生产甲、乙两种产品。该企业"生产成本"总账下设"基本生产成本"和"辅助生产成本"两个二级账,"基本生产成本"二级账分甲、乙产品设置成本计算单,"辅助生产成本"二级账分设供电车间和机修车间明细账。"制造费用"核算基本生产车间发生的间接费用,发生的间接费用直接记入"辅助生产成本"所属明细账。成本计算单下设"直接材料""直接人工"和"制造费用"三个成本项目。20××年6月有关成本计算资料如下:

1. 为简化处理,甲、乙两种产品的月初在产品成本按零计算。

2. 甲产品本月完工 500 件,月末在产品 100 件,实际生产工时 100 000 小时;乙产品本月完工 200 件,月末在产品 40 件,实际生产工时 50 000 小时。甲、乙两种产品的原材料都在生产开始时一次投入,加工费用发生比较均衡,月末在产品完工程度均为 50%。

3. 本月发生生产费用如下所示。

(1) 本月发出材料汇总表见表 6-1。

表 6-1　发出材料汇总表　　　　　　　　　　　　　　　　单位:元

领料部门和用途	材料类别			合　　计
	原材料	包装物	低值易耗品	
基本生产车间				
甲产品耗用	800 000	10 000		810 000
乙产品耗用	600 000	4 000		604 000
甲、乙产品共同耗用	28 000			28 000
车间一般耗用	2 000		100	2 100
供电车间耗用	1 000			1 000
机修车间耗用	1 200			1 200
厂部管理部门耗用	1 200		400	1 600
合计	1 433 400	14 000	500	1 447 900

(2) 本月工资结算汇总及职工福利费用计算情况见表 6-2。

表 6-2　工资福利费汇总表　　　　　　　　　　　　　　　单位:元

人　员　类　别	应付工资总额	应计提福利费	合　　计
基本生产车间			
产品生产工人	420 000	58 800	478 800
车间管理人员	20 000	2 800	22 800
供电车间	8 000	1 120	9 120
机修车间	7 000	980	7 980
厂部管理人员	40 000	5 600	45 600
合计	495 000	69 300	564 300

(3) 本月以现金支付的费用为 2 500 元,其中基本生产车间办公费 250 元,市内交通费 65 元;供电车间市内交通费 145 元;机修车间外部加工费 480 元;厂部管理部门办公费 1 360 元,材料市内运输费 200 元。

(4) 本月以银行存款支付的费用为 14 700 元,其中基本生产车间办公费 1 000 元,水费 2 000 元,差旅费 1 400 元,设计制图费 2 600 元;供电车间水费 500 元,外部修理费 1 800 元;机修车间办公费 400 元;厂部管理部门办公费 3 000 元,水费 1 200 元,招待费 200 元,市话费 600 元。

(5) 本月应计提固定资产折旧费 22 000 元,其中基本生产车间 10 000 元,供电车间 2 000 元,机修车间 4 000 元,厂部 6 000 元。

(6) 根据"待摊费用"账户记录,本月应分摊财产保险费 3 195 元,其中供电车间 800 元,机修车间 600 元,基本生产车间 1 195 元,厂部管理部门 600 元。

4. 本月供电车间每度电的计划成本为 0.34 元,机修车间每小时机修费的计划成本为 3.50 元,成本差异全部由管理费用负担。辅助车间费用的分配按车间生产甲、乙两种产品的生产工时比例分配,并记入产品成本计算单中"直接材料"成本项目,见表 6-3。

表 6-3 辅助车间提供劳务量及受益车间消耗量

受益部门	供电车间度数(千瓦·时)	机修车间工时(小时)
供电车间		500
机修车间	1 000	
基本生产车间		
产品生产	30 000	
一般耗费	2 000	1 000
厂部管理部门	3 000	2 000
合计	360 000	3 500

根据生产特点和管理要求,甲、乙两种产品采用品种法计算产品成本。要求如下。

(1) 根据各项生产费用发生的原始凭证和其他有关资料,编制各项要素费用分配表,分配各项要素费用。

(2) 根据各项要素费用分配表登记有关辅助生产成本明细账、制造费用明细账、产品成本计算单。

(3) 采用约当产量法将生产费用在完工产品与在产品之间进行分配,编制完工产品成本汇总计算表。

解析:

(1) 根据本月发出材料汇总表编制材料分配会计分录,其中生产甲、乙两种产品共同耗用的材料按甲、乙两种产品直接耗用原材料的比例分配。

借:生产成本——基本生产成本——甲产品　826 000 (810 000＋28 000
　　　　　　　　　　　　　　　　　　　　　　×800 000÷1 400 000)
　　　　　　　　　　　——乙产品　616 000 (604 000＋28 000
　　　　　　　　　　　　　　　　　　　　　　×600 000÷1 400 000)
　　制造费用——基本生产车间　　　　　　　　　　　　　　　2 100
　　生产成本——辅助生产成本——供电车间　　　　　　　　　1 000
　　　　　　　——辅助生产成本——机修车间　　　　　　　　1 200
　　管理费用　　　　　　　　　　　　　　　　　　　　　　　1 600
　贷:原材料　　　　　　　　　　　　　　　　　　　　　　1 447 900

(2) 根据本月工资福利费汇总表编制工资福利费分配会计分录,其中生产甲、乙两种产品工人工资福利费按甲、乙两种产品生产工时比例分配。

  借：生产成本——基本生产成本——甲产品 319 200(478 800÷150 000×100 000)
     ——基本生产成本——乙产品 159 600(478 800÷150 000×50 000)
   制造费用——基本生产车间   22 800
   生产成本——辅助生产成本——供电车间   9 120
     ——辅助生产成本——机修车间   7 980
   管理费用   45 600
  贷：应付职工薪酬——职工工资   495 000
     ——职工福利   69 300

（3）编制本月现金支付会计分录。

  借：制造费用——基本生产车间   315
   生产成本——辅助生产成本——供电车间   145
     ——辅助生产成本——机修车间   480
   管理费用   1 560
  贷：库存现金   2 500

（4）编制本月银行存款支付会计分录。

  借：制造费用——基本生产车间   7 000
   生产成本——辅助生产成本——供电车间   2 300
     ——辅助生产成本——机修车间   400
   管理费用   5 000
  贷：银行存款   14 700

（5）编制固定资产计提折旧会计分录。

  借：制造费用——基本生产车间   10 000
   生产成本——辅助生产成本——供电车间   2 000
     ——辅助生产成本——机修车间   4 000
   管理费用   6 000
  贷：累计折旧   22 000

（6）编制待摊费用相关会计分录。

  借：生产成本——辅助生产成本——供电车间   800
     ——辅助生产成本——机修车间   600
   制造费用——基本生产车间   1 195
   管理费用   600
  贷：待摊费用   3 195

（7）编制辅助生产成本明细账及相关会计分录（见表6-4和表6-5）。

供电车间实际费用总额＝1 000＋9 120＋145＋2 300＋2 000＋800＋1 750＝17 115（元）
机修车间实际费用总额＝1 200＋7 980＋480＋400＋4 000＋600＋340＝15 000（元）

表 6-4 辅助生产费用分配表(计划成本法)

受益部门	供电(单位成本为0.34元/度)		机修(单位成本为3.50元/时)	
	用电度数	计划成本	机修工时	计划成本
辅助生产车间				
供电车间			500	1 750
机修车间	1 000	340		
基本生产车间				
产品生产	30 000	10 200		
一般耗费	2 000	680	1 000	3 500
厂部管理部门	3 000	1 020	2 000	7 000
合计		12 240		12 250
实际成本		17 115		15 000
成本差异		4 875		2 750

借:生产成本——辅助生产成本——机修车间　　　　　　　　　340
　　　　　　——辅助生产成本——供电车间　　　　　　　　　1 750
贷:生产成本——辅助生产成本——供电车间　　　　　　　　　340
　　　　　　——辅助生产成本——机修车间　　　　　　　　　1 750

表 6-5 产品生产用电分配表　　　　　　　　　　　　　　　单位:元

产品	生产工时(小时)	分配率	分配金额
甲产品	100 000		6 800
乙产品	50 000		3 400
合计	150 000	0.068	10 200

借:生产成本——基本生产成本——甲产品　　　　　　　　　　6 800
　　　　　　——基本生产成本——乙产品　　　　　　　　　　3 400
　　制造费用——基本生产车间　　　　　　　　　　　　　　　4 180
　　管理费用　　　　　　　　　　15 645(1 020+7 000+4 875+2 750)
贷:生产成本——辅助生产成本——供电车间　　　　　　　　　16 775
　　　　　　——辅助生产成本——机修车间　　　　　　　　　13 250

(8) 编制制造费用明细账及相关会计分录(见表6-6和表6-7)。

其他制造费用合计=250+65+1 000+1 400+2 600=5 315(元)

表 6-6　制造费用明细账

车间名称:基本生产车间　　　　　　　　　　　　　　　　　　　　　　　　　　　　　　单位:元

年		凭证号	摘 要	材料费用	工资福利费	折旧费	修理费	水电费	保险费	其他	合计
月	日										
略	略	略	材料费用分配表	2 100							
			工资福利费分配表		22 800						
			折旧费用计算表			10 000					
			待摊费用分配表						1 195		
			其他费用分配表					2 000		5 315	
			辅助生产分配表				3 500	680			
			本期发生额	2 100	22 800	10 000	3 500	2 680	1 195	5 315	47 590
			期末结转制造费用	2 100	22 800	10 000	3 500	2 680	1 195	5 315	47 590

表 6-7　制造费用分配表

车间名称:基本生产车间　　　　　　　　　　　　　　　　　　　　　　　　　　　　　　单位:元

产 品	生 产 工 时	分 配 率	分 配 金 额
甲产品	100 000		31 726.67
乙产品	50 000		15 863.33
合 计	150 000	0.31727	47 590

(9) 编制甲、乙产品成本计算单及相关会计分录(见表 6-8~表 6-11)。

表 6-8　甲产品在产品约当产量计算表

产品名称:甲产品　　　　　　　　　　　　　　　　　　　　　　　　　　　　　　　　单位:100 件

成 本 项 目	在产品数量	投料程度(加工程度)	约 当 产 量
直接材料	100	100%	100
直接人工	100	50%	50
制造费用	100	50%	50

表 6-9　乙产品在产品约当产量计算表

产品名称:乙产品　　　　　　　　　　　　　　　　　　　　　　　　　　　　　　　　单位:40 件

成 本 项 目	在产品数量	投料程度(加工程度)	约 当 产 量
直接材料	40	100%	40
直接人工	40	50%	20
制造费用	40	50%	20

表 6-10　产品成本计算单

产品名称：甲产品　　　　　　　　　　　　　　　　　　产成品：500 件　在产品：100 件

摘　要	直接材料	直接人工	制造费用	合　计
月初在产品成本				
本月发生生产费用	832 800	319 200	31 726.67	1 183 726.67
生产费用合计	832 800	319 200	31 726.67	1 183 726.67
完工产品数量	500	500	500	
在产品约当量	100	50	50	
总约当产量	600	550	550	
分配率（单位成本）	1 388	580.36	57.68	
完工产品总成本	694 000	290 181.82	28 840	1 013 021.82
月末在产品成本	138 800	29 018.18	2 886.67	170 704.85

表 6-11　产品成本计算单

产品名称：乙产品　　　　　　　　　　　　　　　　　　产成品：200 件　在产品：40 件

摘　要	直接材料	直接人工	制造费用	合　计
月初在产品成本				
本月发生生产费用	619 400	159 600	15 863.33	794 863.33
生产费用合计	619 400	159 600	15 863.33	794 863.33
完工产品数量	200	200	200	
在产品约当量	40	20	20	
总约当产量	240	220	220	
分配率（单位成本）	2 580.83	725.4545	72.11	
完工产品总成本	516 166.67	145 090.90	14 421.21	675 678.78
月末在产品成本	103 233.33	14 509.10	1 442.12	119 184.55

借：库存商品——甲产品　　　　　　　　　　　　　1 013 021.82
　　　　　　——乙产品　　　　　　　　　　　　　　675 678.78
贷：生产成本——基本生产成本——甲产品　　　　　1 013 021.82
　　　　　　——基本生产成本——乙产品　　　　　　675 678.78

第二节 分批法

一、分批法的含义和特点

分批法是以产品的批别或者订单为成本计算对象,按批次进行费用的归集和分配,进而计算出产品成本的方法。分批法适用于管理上不要求分步骤计算产品成本的多步骤、小批、单件产品生产,比如船舶、重型机械、精密仪器、专用设备等,一些规模较小、工艺简单、品种较多的服装厂、印刷厂等也适用这种方法。

(一)成本计算对象

分批法是以产品的批别(或订单)作为成本计算对象。适用于分批法的企业一般根据客户的订单安排生产,生产部门根据客户订单安排一批或多批次产品的生产,会计人员根据生产任务通知单开设成本明细账。根据订单的要求,同时受到企业实际生产能力等多种因素的影响,企业不一定完全按订单安排生产,有时订单上有多种产品或订单数量较大需要分批交货,则这类订单可能会拆分成几批产品来生产;有时不同订单中有相同的产品,而企业生产能力又可以同时安排生产,则企业会将不同订单合并成一批产品生产。

可以直接计入某批产品的费用就直接计入,多批次产品共同耗用的费用要选择一定的方法在各批次之间进行分配。

(二)成本计算期

由于分批法是按批别作为成本计算对象,每批次产品生产周期不固定,与会计期间也不完全一致,分批法下虽然每个月都按产品批别归集生产费用,但每批产品的生产成本只能在该批产品全部完工时才能准确计算确定。因此,分批法的成本计算期是不固定的,取决于产品的生产周期,与会计报告期不一致。

(三)费用在完工产品和在产品之间的分配

从理论上来讲,分批法是按批别进行产品成本计算,同一批次产品完工前不需要进行费用的分配,但在实际生产中,同一批次产品不一定同时完工,这时就需要根据情况来确定费用的分配。

在单件产品生产中,按产品批别归集的生产费用,就是该单件产品的产品成本,在完工前都是在产品,该件产品完工后就全部转为完工产品成本,因此在月末不需要在完工产品和在产品之间进行费用分配。

在小批量产品生产中,由于产品批量小,通常情况下同一批次产品基本上能够同时完工,因此在月末也不需要在完工产品和在产品之间进行费用分配。

在大批量产品生产中,由于产品批量较大,出现跨月陆续完工、分次交货的可能性就大大增加,月末就需要在完工产品和在产品之间进行费用分配。如果跨月陆续完工数量不多,完工产品占比也不大,则可以先按计划成本、定额成本或近期相同产品的实际成本计算完工产品成本,等该批产品全部完工后,再计算该批产品的实际总成本和单位成本,但对前期完工已结转的完工产品成本,不再进行账面调整;如果跨月陆续完工数量较多,完工产品占比较大,则要采用合适方法,月末在完工产品和在产品之间进行费用分配,以提高成本核算的准确性。

二、分批法的成本计算程序

使用分批法进行成本计算时,通常采用下列程序。

(一)开设成本明细账

会计部门根据生产部门下达的"生产任务通知单"开设产品成本明细账和产品成本计算单,根据费用发生情况确定成本项目。

(二)归集生产费用

根据各项要素费用发生的原始凭证等资料,编制要素费用分配表,对各批产品直接耗费的要素费用,直接计入各批次产品明细账;根据辅助生产车间发生的费用,编制辅助生产费用分配表,并根据受益原则将辅助生产费用进行分配;根据间接发生的要素费用和辅助生产车间分配的费用,编制制造费用分配表,根据受益原则分配制造费用,分配计入各批次产品明细账。

(三)分配生产费用

对于同时完工的各批次产品,在完工当月将归集的生产费用全部结转入完工产品成本。

对于有部分产品完工的各批次产品,可采用定额成本等计算出完工产品成本,从归集的生产费用减去完工产品成本,计算出在产品成本;也可采用约当产量法或定额比例法对生产费用进行分配,分别计算出完工产品和在产品成本。月末将各批陆续完工产品的成本汇总计算,编制成本计算单和完工产品成本汇总表,结转完工入库产品成本。

三、分批法举例

[同步案例6-2] 某企业主要为国外客户提供 A、B、C 三种商品,产品根据客户订单制定"生产任务通知单"分批次生产,投产批次不多,采用分批法进行成本核算,各批次产品的原材料都是在生产开始时一次性投入,月末完工产品和在产品之间费用的分配采用约当产量法,在产品完工程度50%。4210批次C产品的单位计划成本为:直接材料948元,直接人工950元,制造费用1 360元,合计3 258元。

1. 该企业20××年6月份产品生产批次如下:

(1) 2900批次:4月份投产A产品80件,6月份全部完工。

(2) 3050批次:5月份投产B产品60件,6月份完工40件。

(3) 3060批次:5月份投产B产品70件,6月份未完工。

(4) 4210批次:6月份投产C产品50件,计划8月份完工,本月提前完工6件。

2. 各批次产品生产费用支出情况见表6-12和表6-13所示。

表6-12 各批次产品的月初在产品费用　　　　　　　　　　　　　　　　单位:元

批　号	直接材料	直接人工	制造费用	合　计
2900	80 000	64 000	56 000	200 000
3050	66 000	48 000	42 000	156 000
3060	75 600	18 200	24 500	118 300

表6-13 各批次产品本月生产费用(根据各费用分配表汇总计算)　　　　　单位:元

批　号	直接材料	直接人工	制造费用	合　计
2900		28 800	22 400	51 200
3050		33 600	31 800	65 400
3060		52 500	48 300	100 800
4210	47 500	41 000	59 000	147 500

3. 本月各批次产品的成本计算见表 6-14～表 6-17 所示。

表 6-14　产品成本明细账

产品批号:2900　　　购货单位:甲公司　　　投产日期:4 月
产品名称:A　　　　批量:80 件　　　　　　完工日期:6 月
单位:元

摘　　要	直接材料	直接人工	制造费用	合　　计
月初在产品费用	80 000	64 000	56 000	200 000
本月费用		28 800	22 400	51 200
累计生产费用	80 000	92 800	78 400	251 200
完工产品成本	80 000	92 800	78 400	251 200
完工产品单位成本	1 000	1 160	980	3 140

表 6-15　产品成本明细账

产品批号:3050　　　购货单位:乙公司　　　投产日期:5 月
产品名称:B　　　　批量:60 件　　　　　　完工日期:7 月
单位:元

摘　　要	直接材料	直接人工	制造费用	合　　计
月初在产品费用	66 000	48 000	42 000	156 000
本月费用		33 600	31 800	65 400
累计生产费用	66 000	81 600	73 800	221 400
约当产量	60	50	50	
分配率	1 100	1 632	1 476	
完工产品成本	44 000	65 280	59 040	168 320
完工产品单位成本	1 100	1 632	1 476	4 208
月末在产品费用	22 000	16 320	14 760	53 080

表 6-16　产品成本明细账

产品批号:3060　　　购货单位:丙公司　　　投产日期:5 月
产品名称:B　　　　批量:70 件　　　　　　完工日期:7 月
单位:元

摘　　要	直接材料	直接人工	制造费用	合　　计
月初在产品费用	75 600	18 200	24 500	118 300
本月费用		52 500	48 300	100 800
累计生产费用	75 600	70 700	72 800	219 100
期末在产品费用	75 600	70 700	72 800	219 100

表 6-17　产品成本明细账

产品批号：4210　　　　　　购货单位：丁公司　　　　　　　投产日期：6 月
产品名称：C　　　　　　　　批量：50 件　　　　　　　　　 完工日期：8 月
　　　　　　　　　　　　　　　　　　　　　　　　　　　　　 单位：元

摘　　要	直接材料	直接人工	制造费用	合　　计
月初在产品费用				
本月费用	47 500	41 000	59 000	147 500
单件计划成本	948	950	1 360	3 258
完工 6 件产品成本	5 688	5 700	8 160	19 548
月末在产品费用	41 812	35 300	50 840	127 952

原材料是一次性投入，所有材料费用按完工产品和在产品的实际数量分配：

完工产品直接材料费用分配率＝66 000÷(40＋20)＝1 100

完工产品直接材料费用＝1 100×40＝44 000(元)

其他费用按约当产量比例分配：

月末在产品约当产量＝20×50％＝10

完工产品直接人工费用分配率＝81 600÷(40＋10)＝1 632

完工产品制造费用分配率＝73 800÷(40＋10)＝1 476

完工产品直接人工费用＝1 632×40＝65 280(元)

完工产品制造费用＝1 476×40＝59 040(元)

四、不分批计算在产品成本法

为完成众多客户的不同需求，企业有时一个月投产几十批甚至上百批产品的生产，月末会有大量批次的产品完工，而现代企业间接费用所占比重日益增加，间接费用在各完工批次产品之间分配的工作量非常大，为简化核算工作量，可采用不分批计算在产品成本法进行成本计算，也称为简化分批法。

简化分批法仍然按照产品批别开设成本明细账，另外需要开设基本生产成本二级账。基本生产成本二级账除了汇总登记各批次直接计入费用(如直接材料)、间接计入费用(如直接人工、制造费用)之外，还要增设生产工时这一项目，汇总登记全部批次产品的累计生产工时，月末根据累计生产工时计算出间接计入费用的累计分配率；在各批次的成本明细账中虽然也统一设置直接材料、直接人工、制造费用、生产工时等项目，但平时只登记该批次产品的直接计入费用(如直接材料)和生产工时，各批次的间接计入费用(如直接人工、制造费用)全部在基本生产成本二级账中登记，在某批次产品有完工产品的月份，根据基本生产成本二级账中计算出来的累计间接费用分配率，分配该批次完工产品的间接计入费用，在产品成本统一汇总登记在基本生产成本二级账中，没有产品完工的批次则不分配间接计入费用。因此，这种方法也被称为不分批计算在产品成本的分批法。

全部产品累计间接计入费用分配率和各批产品应负担的间接计入费用计算公式如下:

全部产品累计间接计入费用分配率＝全部产品累计间接计入费用/全部产品累计工时

某批完工产品应负担的间接计入费用＝该批完工产品累计工时×全部产品累计间接计入费用分配率

[同步案例 6-3] 某企业因客户较多,有大量订单,且不同订单产品存在一定差异,则安排多批次生产。为简化核算,采用不分批计算在产品成本法,即简化分批法。该企业20××年3月份生产情况如下:

1006 批次:1月份投产A产品20台,本月完工。
2015 批次:2月份投产B产品12台,本月完工5台。
2018 批次:2月份投产B产品9台,尚未完工。
3055 批次:3月份投产C产品15台,尚未完工。

因采用简化分批法,该企业开设了基本生产成本二级账(见表6-18)。

表 6-18 基本生产成本二级账

(各批产品总成本) 单位:元

月	日	摘要	直接材料	生产工时(小时)	直接人工	制造费用	合计
2	28	在产品	101 920	79 140	789 600	968 800	1 860 320
3	31	本月发生	51 320	77 410	1 089 000	1 536 000	2 676 320
3	31	累计数	153 240	156 550	1 878 600	2 504 800	4 536 640
3	31	全部产品累计间接计入费用分配率	—	—	12	16	—
3	31	本月完工产品转出	50 640	80 960	971 520	1 295 360	2 317 520
3	31	在产品	102 600	75 590	907 080	1 209 440	2 219 120

在基本生产成本二级账中,2月28日直接材料、直接人工、制造费用和生产工时是各批次未完工产品的合计数,3月31日本月发生的直接材料、直接人工、制造费用和生产工时是各批次产品本月新发生的各项费用和累计工时,是根据各费用分配表不分批次汇总计算所得。全部产品的累计间接计入费用分配率计算如下:

直接人工费用累计分配率＝1 878 600÷156 550＝12
制造费用累计分配率＝2 504 800÷156 550＝16

基本生产成本二级账中,本月完工产品转出的直接材料和生产工时,需要根据各批次产品成本明细账中完工产品转出的数据汇总计算登记;本月完工产品转出的直接人工和制造费用,可依据各批次产品成本明细账中相关数据汇总计算登记,也可以根据基本生产成本二级账中汇总的转出生产工时数和累计分配率计算登记(见表6-19～表6-22)。

成本会计学

表 6-19 产品成本明细账

产品批号:1006　　　　　　　　购货单位:甲公司　　　　　　　　投产日期:1月
产品名称:A　　　　　　　　　　批量:20 台　　　　　　　　　　完工日期:3月
　　　　　　　　　　　　　　　　　　　　　　　　　　　　　　　　单位:元

月	日	摘要	直接材料	生产工时(小时)	直接人工	制造费用	合计
1	31	本月发生	16 760	19 300			
2	28	本月发生	9 560	12 800			
3	31	本月发生	6 320	9 600			
3	31	累计数	32 640	41 700			
3	31	累计间接计入费用分配率	—	—	12	16	
3	31	本月完工产品转出	32 640	41 700	500 400	667 200	1 200 240
3	31	完工产品单位成本	1 632		25 020	33 360	60 012

表 6-20 产品成本明细账

产品批号:2015　　　　　　　　购货单位:乙公司　　　　　　　　投产日期:2月
产品名称:B　　　　　　　　　　批量:12 台　　　　　　　　　　完工日期:3月完工5台
　　　　　　　　　　　　　　　　　　　　　　　　　　　　　　　　单位:元

月	日	摘要	直接材料	生产工时(小时)	直接人工	制造费用	合计
2	28	本月发生	43 200	26 880			
3	31	本月发生		31 720			
3	31	累计数	43 200	58 600			
3	31	累计间接计入费用分配率			12	16	
3	31	本月完工产品转出(5台)	18 000	39 260	471 120	628 160	1 117 280
3	31	完工产品单位成本	3 600		94 224	125 632	223 456
3	31	在产品	25 200	19 340			

表 6-21 产品成本明细账

产品批号:2018　　　　　　　　购货单位:丙公司　　　　　　　　投产日期:2月
产品名称:B　　　　　　　　　　批量:9 台　　　　　　　　　　　完工日期:
　　　　　　　　　　　　　　　　　　　　　　　　　　　　　　　　单位:元

月	日	摘要	直接材料	生产工时(小时)	直接人工	制造费用	合计
2	28	本月发生	32 400	20 160			
3	31	本月发生		23 790			

表 6-22　产品成本明细账

产品批号:3055　　　　　　　　购货单位:丁公司　　　　　　　　投产日期:3 月
产品名称:C　　　　　　　　　　批量:15 台　　　　　　　　　　 完工日期:

单位:元

月	日	摘要	直接材料	生产工时(小时)	直接人工	制造费用	合计
3	31	本月发生	45 000	12 300			

在采用不分批计算在产品成本法进行成本计算时,对于各批次产品成本明细账,在没有完工产品的月份只登记直接材料费用和生产工时,如上述 2018 批次和 3055 批次产品;对于完工产品的批次,要将完工部分的直接计入费用和间接计入费用转出,全部完工的将累计直接计入费用(如直接材料、直接燃料和动力)和用该批次产品全部累计生产工时、累计间接计入费用分配率计算的间接计入费用转出,部分完工的则要选择合适的方法将直接计入费用和生产工时在完工产品和在产品之间进行分配,将完工产品分配的直接计入费用转出,根据完工产品分配的生产工时和累计间接计入费用分配率计算完工产品应转出的间接计入费用,2015 批次完工产品的原材料是一次性投入,直接材料费用按完工产品和在产品的数量比例关系分配,完工产品的生产工时按定额工时计算。

五、不分批计算在产品成本法的特点

(一) 必须设置基本生产成本二级账

简化分批法需要汇总登记全部批次产品的生产工时和间接计入费用,从而计算全部产品累计间接计入费用分配率。因此,必须设置基本生产成本二级账,在二级账中登记各批产品的全部生产费用和生产工时。各批次产品的生产成本明细账,在没有产品完工的月份只记录直接计入费用和生产工时。

(二) 完工产品按累计的间接计入费用分配率分配间接费用

只要有产品完工,基本生产成本二级账就需要按月计算出累计间接计入费用分配率,有产品完工的批次则根据二级账中当月的累计间接计入费用分配率和完工产品耗用的生产工时计算需要承担的间接计入费用。最终各批次完工产品的成本由直接计入费用和分配计入的间接计入费用构成。

(三) 不分批计算在产品成本

简化的分批法对完工产品分配间接计入费用,对于在产品,其负担的直接计入费用在各批产品成本明细账中反映,其负担的间接计入费用在基本生产成本二级账中以各批产品的合计数反映,不分配计算在产品成本。

(四)适用于月末未完工批数较多、各月间接费用差异小的企业

简化的分批法主要是为了简化成本核算工作,减少工作量,而由于该方法不分批计算在产品成本,如果企业月末未完工批数较少,大多数批次产品都有完工,则实际成本核算的工作量并没有显著减少。另外,简化分批法对成本核算工作量的减少是以降低成本计算准确性为代价的,当各月间接计入费用差异很小的时候,对成本准确性的影响很小,但当各月间接计入费用差异很大时,就会导致各月的累计间接计入费用分配率差异较大,比如前几个月低而本月高,某批产品本月投产本月完工,则按累计间接计入费用分配率计算该批完工产品成本就会出现分配费用偏低的现象。因此,简化分批法适用于月末未完工批数较多、各月间接费用差异较小的企业。

第三节 分步法

一、分步法的含义和特点

分步法是以产品生产步骤为成本计算对象,按步骤进行费用的归集和分配,进而计算出产品成本的方法。分步法适用于管理上要求分步骤计算产品成本的大量、大批产品生产企业,比如纺织、冶金、机械制造等企业。分步法要求按步骤归集、分配生产费用,对各步骤生产的半产品要进行成本核算和成本管理,其特点如下。

(一)成本计算对象

分步法下的成本计算对象是产品的生产步骤,企业要按照产品的生产步骤开设产品成本明细账,产品成本计算的步骤和实际的生产步骤不一定完全一致,可以按产品经历的实际生产步骤来分别开设成本明细账,也可以将部分生产步骤合并为一个步骤开设成本明细账,还可以将一个大的生产步骤分成几个生产步骤开设成本明细账。比如,生产规模较小的企

业,管理上又不要求按车间计算成本,可以将几个车间合并为一个步骤来计算成本;生产规模较大的企业,一些大型车间所包含的生产流程可以分成几个生产步骤,当管理上需要分步骤计算产品成本时,可以将这个车间分解成几个步骤来计算成本。而在费用归集中,某种产品单独在某一步骤耗用的计入直接费用,多种产品共同在某一步骤耗用的间接费用,要采用适当的方法分配计入。

(二) 成本计算期

在多步骤、大批、大量产品生产企业,通常生产周期较长,跨月生产、跨月完工的情况较多,生产过程也可以间断,又要求分步骤计算产品成本。因此,成本计算一般以会计期间为标准,按月、定期进行,成本计算期和产品的生产周期通常不一致,与会计报告期一致。

(三) 费用在完工产品和在产品之间的分配

在分步法核算方法下,成本计算期和会计报告期一致,各步骤每月通常又都有产品完工,上一步骤的产品需要投入下一步骤生产使用,或者各步骤产品需要在组装、装配环节使用。因此,各步骤完工的产品要核算出成本,在会计期末,各步骤生产费用要在完工产品和在产品之间进行分配。

(四) 各步骤之间成本的结转

区别于品种法、分批法,分步法是按生产步骤进行产品成本的计算,每个生产步骤都相当于用了一次品种法,每个步骤核算出产品成本后,还要将该步骤产品成本结转到下一步骤,各步骤之间成本的结转是分步法的独有特点。考虑到企业多步骤生产的类型和管理上的要求,各步骤之间成本的结转可以分为逐步结转分步法和平行结转分步法两种。

二、逐步结转分步法

逐步结转分步法是对产品成本按生产步骤逐步计算结转半产品成本,并最终计算出产成品成本的一种成本核算方法。在此方法下,每一步骤所耗用的半产品成本是从上一步骤结转过来,成本随着实物的转移而转移。逐步结转分步法在进行分步骤半成品成本结转时,根据结转的半成品成本在下一步骤产品成本明细账中反映方式的不同,又可以进一步划分为综合结转法和分项结转法,两种半成品结转方法的计算程序大体上是一样的。

（一）逐步结转分步法的计算程序

 1. 按生产步骤开设成本明细账

根据产品生产的工艺流程和成本管理的需要，可以将产品生产的过程划分为若干个生产步骤，每个生产步骤开设一个成本明细账，按生产步骤归集所发生的各项费用。除第一生产步骤外，后续生产步骤的成本项目中，根据实际情况和管理需要可将"直接材料"改为"半成品"。

 2. 按生产步骤进行成本计算

分步法下，各生产步骤按成本项目对生产费用进行归集，月末将归集的生产费用按照合适的方法在本步骤完工半成品和在产品之间进行分配，如果企业有半成品仓库，则各步骤完工的半成品转入半成品仓库，各步骤需要的半成品再从仓库领用，半成品仓库负责半成品的收发；如果企业不设置半成品仓库，则上一步骤完工的半成品直接进入下一步骤生产线。半成品成本随实物结转，每一生产步骤成本的计算都相当于一次品种法的运用，通过多次品种法的运用，最终计算出产成品的成本。

（二）综合结转法

综合结转法，是指在分步骤结转半成品成本时，将上一步骤的半成品成本不分成本项目，综合结转入下一步骤产品成本明细账"直接材料"或"半成品"成本项目中，综合结转法中每步骤"直接人工""制造费用"等成本项目仅包含本步骤所新投入的人工费用和制造费用。

综合结转的半成品成本，可以按实际成本结转，也可以按计划成本结转。

 1. 半成品成本按实际成本结转

这种结转方法下，上一步骤的半成品按实际成本结转入半成品仓库或下一步骤，每步骤所耗用的半成品成本按实际数量乘以实际单位成本计算。如果有半成品仓库负责收发，每次入库和发出半成品的数量不一定一致，每次入库的半成品单位成本也存在差异，则半成品的发出计价要选择适当的存货计价方法（先进先出法、加权平均法、移动加权平均法等）。

[同步案例 6-4] 某企业产品生产属于多步骤生产，根据生产工艺流程可以划分为三个生产步骤，原材料在第一步骤一次性投入，第二步骤对第一步骤所产的甲半产品进行进一步加工，第三步骤对第二步骤所产的乙半成品进行加工，最终产出产成品 A 产品，该企业有半成品仓库专门负责第一、第二步骤所产半成品的收发，半成品的发出计价采用全月一次加权平均法，三个步骤完工产品和在产品的费用分配采用约当产量法，各步骤之间的成本结转采

用综合结转法。该企业在产品、投产数量、完工程度、各步骤产品成本明细账等成本资料见表 6-23～表 6-29。

表 6-23　各步骤相关成本资料

项　目	第一步骤	第二步骤	第三步骤
月初在产品数量(台)	60	90	50
本月投产数量(台)	200	210	250
本月完工产品数量(台)	230	270	280
月末在产品数量(台)	30	30	20
在产品完工程度	50%	60%	60%

表 6-24　各步骤月初在产品成本和本月生产费用(根据各费用分配表汇总计算)　　单位:元

步　骤		直接材料	直接人工	制造费用	合　计
第一步骤	月初	39 600	21 720	30 540	91 860
	本月	134 600	115 480	145 860	395 940
第二步骤	月初	178 080	39 330	76 050	293 460
	本月	409 920	196 830	204 750	811 500
第三步骤	月初	188 500	24 200	32 640	245 340
	本月	938 000	165 600	177 600	1 281 200

表 6-25　第一步骤产品成本明细账　　单位:元

项　目		直接材料	直接人工	制造费用	合　计
月初在产品成本		39 600	21 720	30 540	91 860
本月费用		134 600	115 480	145 860	395 940
合计		174 200	137 200	176 400	487 800
产品产量 (台)	完工产品产量	230	230	230	—
	在产品约当产量	30	15	15	—
	合计	260	245	245	—
单位成本(费用分配率)		670	560	720	1 950
转出半成品成本		154 100	128 800	165 600	448 500
在产品成本		20 100	8 400	10 800	39 300

第一步骤相关计算如下:

由于材料是生产开始时一次性投入,在产品和完工半成品对材料的耗费是一样的。

直接材料费用分配率 = 174 200 ÷ (230 + 30) = 670

完工半成品应负担的直接材料费用 = 670 × 230 = 154 100(元)

在产品应负担的直接材料费用 = 670 × 30 = 20 100(元)

在产品和完工半成品直接人工费用制造费用的耗费不同,需要采用约当产量法计算分配直接人工费用和制造费用。

在产品约当产量=30×50%=15(台)

直接人工费用分配率=137 200÷(230+15)=560

完工半成品应负担的直接人工费用=560×230=128 800(元)

在产品应负担的直接人工费用=560×15=8 400(元)

制造费用分配率=176 400÷(230+15)=720

完工半成品应负担的制造费用=720×230=165 600(元)

在产品应负担的制造费用=720×15=10 800(元)

第一步骤所产半成品通过半成品仓库验收入库,编制会计分录如下。

借:自制半成品——甲　　　　　　　　　　　　　　　　　　　　　　　　448 500

贷:生产成本——基本生产成本　　　　　　　　　　　　　　　　　　　　448 500

表6-26　自制半成品明细账

甲半成品　　　　　　　　　　　　　　　　　　　　　　　　　　　　　　　　单位:元

月份	月初余额		本月增加		合计			本月减少	
	数量(台)	实际成本	数量(台)	实际成本	数量(台)	实际成本	单位成本	数量(台)	实际成本
5	20	39 500	230	448 500	250	488 000	1 952	210	409 920
6	40	78 080							

加权平均单位成本=(448 500+39 500)÷(230+20)=1 952(元)

本月减少=1 952×210=409 920(元)

第二步骤领用甲半成品,编制会计分录如下。

借:生产成本——基本生产成本　　　　　　　　　　　　　　　　　　　　409 920

贷:自制半成品——甲　　　　　　　　　　　　　　　　　　　　　　　　409 920

表6-27　第二步骤产品成本明细账　　　　　　　　　　　　　　　　　　　单位:元

项　　目		半成品	直接人工	制造费用	合　　计
月初在产品成本		178 080	39 330	76 050	293 460
本月费用		409 920	196 830	204 750	811 500
合计		588 000	236 160	280 800	1 104 960
产品产量(台)	完工产品产量	270	270	270	—
	在产品约当产量	30	18	18	—
	合计	300	288	288	—
单位成本(费用分配率)		1 960	820	975	3 755
转出半成品成本		529 200	221 400	263 250	1 013 850
在产品成本		58 800	14 760	17 550	91 110

第二步骤相关计算如下:

半成品是生产开始时一次性投入,因此:

半成品费用分配率=588 000÷(270+30)=1 960

完工半成品应负担的直接材料费用＝1 960×270＝529 200(元)

在产品应负担的直接材料费用＝1 960×270＝58 800(元)

在产品和完工半成品直接人工和制造费用的耗费不同,因此:

在产品约当产量＝30×60%＝18(台)

直接人工费用分配率＝236 160÷(270＋18)＝820

完工半成品应负担的直接人工费用＝820×270＝221 400(元)

在产品应负担的直接人工费用＝820×18＝14 760(元)

制造费用分配率＝296 640÷(270＋18)＝975

完工半成品应负担的制造费用＝975×270＝263 250(元)

在产品应负担的制造费用＝975×18＝17 550(元)

第二步骤所产半成品通过半成品仓库验收入库,编制会计分录如下。

借:自制半成品——乙　　　　　　　　　　　　　　　　　　1 013 850

贷:生产成本——基本生产成本　　　　　　　　　　　　　　　　1 013 850

表 6-28　自制半成品明细账

乙半成品　　　　　　　　　　　　　　　　　　　　　　　　　　　　　　单位:元

月份	月初余额		本月增加		合计			本月减少	
	数量(台)	实际成本	数量(台)	实际成本	数量(台)	实际成本	单位成本	数量(台)	实际成本
5	30	111 750	270	1 013 850	300	1 125 600	3 752	250	938 000
6	50	187 600							

加权平均单位成本＝(111 750＋1 013 850)÷(30＋270)＝3 752(元)

本月减少＝3 752×250＝938 000(元)

第三步骤领用乙半成品,编制会计分录如下。

借:生产成本——基本生产成本　　　　　　　　　　　　　　　　938 000

贷:自制半成品——乙　　　　　　　　　　　　　　　　　　　　938 000

表 6-29　第三步骤产品成本明细账　　　　　　　　　　　　单位:元

项目		半成品	直接人工	制造费用	合计
月初在产品成本		188 500	24 200	32 640	245 340
本月费用		938 000	165 600	177 600	1 281 200
合计		1 126 500	189 800	210 240	1 526 540
产品产量(台)	完工产品产量	280	280	280	—
	在产品约当产量	20	12	12	—
	合计	300	292	292	—
单位成本(费用分配率)		3 755	650	720	5 125
转出完工产品成本		1 051 400	182 000	201 600	1 435 000
在产品成本		75 100	7 800	8 640	91 540

根据第三步骤的完工产品交库单编制会计分录如下:
  借:库存商品——A   1 435 000
   贷:生产成本——基本生产成本   1 435 000

2. 半成品成本按计划成本结转

这种结转方法下,在明细账登记中,上一步骤的半成品按计划成本结转入半成品仓库或下一步骤,每步骤所耗用的半成品成本按实际数量乘以计划单位成本计算,计算出半成品实际单位成本后,再计算半成品成本差异率和差异额,调整发出半成品的计划成本。半成品收发的总分类账按实际成本登记。

[同步案例 6-5] 某企业生产的 B 产品采用多步骤生产,主要经过两个生产步骤,采用逐步结转分步法,对半成品成本的结转采用综合结转法,两个生产步骤所耗费原材料和半成品都是在生产开始时一次性投入。第一步骤所生产的甲半成品由半成品仓库负责收发,第二步骤所耗费甲半成品的成本按计划成本进行结转,两个生产步骤完工产品和在产品的费用分配均采用在产品按定额成本计价法。相关成本资料如下(见表6-30)。

表6-30 产品成本明细账

第一步骤:甲半成品   单位:元

摘 要	产量(件)	直接材料	直接人工	制造费用	成本合计
月初在产品(定额成本)		51 280	19 670	23 160	94 110
本月费用		2 637 000	992 600	1 215 000	4 844 600
合计		2 688 280	1 012 270	1 238 160	4 938 710
完工转出半成品	500	2 630 000	991 000	1 213 000	4 834 000
单位成本		5 260	1 982	2 426	9 668
月末在产品(定额成本)		58 280	21 270	25 160	104 710

第一步骤完工的半成品验收入半成品仓库,编制会计分录如下:
  借:自制半成品——甲   4 834 000
   贷:生产成本——基本生产成本   4 834 000
半成品收发仓库采用计划成本结转成本,则自制半成品甲的明细账如下(见表6-31)。

表6-31 自制半成品明细账

甲半成品   计划单位成本:9 600 元

                                          单位:元

	项 目		6月	7月
月初余额	数量(台)	①	10	10
	计划成本	②	96 000	96 000
	实际成本	③	110 960	96 960

续表

项 目			6月	7月
本月增加	数量（台）	④	500	
	计划成本	⑤	4 800 000	
	实际成本	⑥	4 834 000	
合计	数量（台）	⑦	510	
	计划成本	⑧	4 896 000	
	实际成本	⑨	4 944 960	
	成本差异	⑩	48 960	
	成本差异率	⑪	＋1％	
本月减少	数量（台）	⑫	500	
	计划成本	⑬	4 800 000	
	实际成本	⑭	4 848 000	

产品成本明细账见表 6-32。

表 6-32 产品成本明细账

第二步骤：B 产品　　　　　　　　　　　　　　　　　　　　　　　　　　　　　单位：元

摘 要	产量（件）	直接材料			直接人工	制造费用	成本合计
		计划成本	成本差异	实际成本			
月初在产品（定额成本）		96 000	—	96 000	32 000	46 000	174 000
本月费用		4 800 000	48 000	4 848 000	1 688 000	2 395 000	8 931 000
合计		4 896 000	48 000	4 944 000	1 720 000	2 441 000	9 105 000
完工转出半成品	500	4 800 000	48 000	4 848 000	1 691 000	2 398 000	8 937 000
单位成本		9 600	96	9 696	3 382	4 796	17 874
月末在产品（定额成本）		96 000	—	96 000	29 000	43 000	168 000

3. 综合结转分步法的成本还原

在综合结转法中，不管采用实际成本还是计划成本核算半成品成本，各步骤领用的半成品成本都是按综合成本在"直接材料"或"半成品"成本项目中反映的，每步骤成本明细账中只能准确获取该步骤人工和制造费用的耗用情况，不能获取各步骤人工和制造费用的累计数。在最终的完工产品成本构成中，成本项目不是按原始成本项目列示的，其中的人工和制造费用只是最后一个生产步骤的，半成品成本在总成本中占比较多，而半成品成本包含了原材料费用和前面各步骤的人工及制造费用,这种成本构成不利于企业对产品成本的构成进行分析和考核。因此,企业如果需要对原始成本项目进行管理,进而分析成本的变动原因,就需要对综合结转的产品成本进行成本还原,将其还原成直接材料、直接人工、制造费用等原始成本项目反映的产品成本。所谓成本还原,就是将最终产成品中所耗用的上一步骤的半成品成本进行成本还原,将其中包含的人工费用和制造费用分离出来,并重复这一操作,直至将产成品成本还原成原始成本项目的构成结构。

[**同步案例 6-6**] 某企业生产 D 产品,该产品由两个生产步骤完成,第一步骤生产出半成品乙,然后直接将完工的半成品乙全部投入第二步骤,不通过半成品库进行收发,则半成品成本结转如图 6-1 所示。

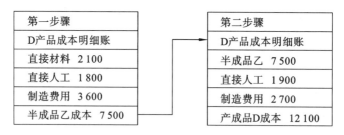

图 6-1 半成品成本结转

由上可知,第二步骤所耗半成品的成本是从第一步骤完工的半成品成本结转过来的,因为第一步骤的产出和第二步骤的耗费完全对等,则进行成本还原就非常简单,将第一步骤的各成本项目同第二步骤的各成本项目直接汇总即可,直接材料为 2 100 元,直接人工＝1 800＋1 900＝3 700 元,制造费用＝3 600＋2 700＝6 300 元,合计 12 100 元。当然,在实际工作中,上一步骤产出的半成品数量与下一步骤耗费的半成品数量通常都不一致,不能像上例这样直接汇总计算,因此需要专门的成本还原计算方法。

在进行成本还原时,要选择一定的成本结构进行还原,通常采用本月所产半成品的成本进行成本还原,具体方法如下。

(1) 计算上一步骤本月所产半成品成本中各成本项目所占的比例,按照这一比例将本步骤需要还原的半成品成本进行还原,计算公式为:

还原分配率＝上一步骤完工半成品各成本项目的金额/上一步骤完工半成品的成本合计

沿用[同步案例 6-4]的资料,对第三步骤的产成品成本中所耗费的上一步骤半成品成本 1 051 400 元进行成本还原。本例因为经过了三个生产步骤、两次半成品成本的结转,需要进行两次还原。第一次根据本月第二步骤所产半成品的成本结构将 1 051 400 元进行成本还原,将第二步骤耗费的第一步骤半成品和第二步骤新增的人工和制造费用分离出来;第二次对第一次还原时所计算出来的包含第一步骤各成本项目的半成品的综合成本进行还原,按照本月第一步骤所产半成品的结构进行还原,将第一步骤耗费的原材料、人工和制造费用分离出来;最终汇总计算各步骤的原始成本项目,使产成品成本用原始成本项目反映出来(见表 6-33)。

表 6-33 成本还原计算表　　　　　　　　　　　　　　　　　　　　　　　单位:元

项目	成本项目	还原前产品成本	本月生产半成品成本	还原分配率	半成品成本还原	还原后总成本	还原后单位成本
按第二步骤半产品成本结构进行还原	直接材料						
	半成品	1 051 400	529 200	0.52197	548 799	548 799	1 959.99
	直接人工	182 000	221 400	0.21838	229 605	411 605	1 470.02
	制造费用	201 600	263 250	0.25965	272 996	474 596	1 694.99
	合计	1 435 000	1 013 850		1 051 400	1 435 000	5 125.00
按第一步骤半产品成本结构进行还原	直接材料		154 100	0.34359	188 562	188 562	673.43
	半成品	548 799					
	直接人工	411 605	128 800	0.28718	157 604	569 209	2 032.89
	制造费用	474 596	165 600	0.36923	202 633	677 229	2 418.68
	合计	1 435 000	448 500		548 799	1 435 000	5 125.00

(2) 计算需要还原的半成品成本占上一步骤本月所产半成品成本的比值,按照这一比值乘以本月所产半成品中各成本项目,从而完成成本还原,计算公式为:

还原分配率＝本步骤需要还原的半成品成本/上一步骤本月完工半成品的成本

沿用[同步案例 6-4]的资料,成本还原计算表见表 6-34。

表 6-34 成本还原计算表　　　　　　　　　　　　　　　　　　　　　　　单位:元

项目	成本项目	还原前产品成本	本月生产半成品成本	还原分配率	半成品成本还原	还原后总成本	还原后单位成本
按第二步骤半产品成本结构进行还原	直接材料			1 051 400 ÷ 1 013 850 = 1.037037			
	半成品	1 051 400	529 200		548 799	548 799	1 959.99
	直接人工	182 000	221 400		229 605	411 605	1 470.02
	制造费用	201 600	263 250		272 996	474 596	1 694.99
	合计	1 435 000	1 013 850		1 051 400	1 435 000	5 125.00
按第一步骤半产品成本结构进行还原	直接材料		154 100	548 799 ÷ 448 500 = 1.223632	188 562	188 562	673.43
	半成品	548 799					
	直接人工	411 605	128 800		157 604	569 209	2 032.89
	制造费用	474 596	165 600		202 633	677 229	2 418.68
	合计	1 435 000	448 500		548 799	1 435 000	5 125.00

上述两种计算方法的计算原理和计算结果是一样的,只是采用的计算方法、计算顺序有所不同。另外,由于本月需要还原的半成品成本中既包含期初在产品中投入的半成品,也包含本期投产的半成品,而这些最终进入本步骤完工产品中的半成品的来源就较为复杂,有本月上一步骤所产的、上月上一步骤所产的,甚至有前几个月上一步骤所产的,而不同月份所产半成品的成本构成必然存在差异。因此,当各月所产半成品的成本构成差异较大时,以本

月所产半成品的成本构成为还原标准,则会使成本还原结果的准确性较差。在企业的定额成本或计划成本较为准确时,为提高还原准确性,还原标准也可以采用定额成本或计划成本。

总的来看,当企业既需要分步骤进行产品成本计算,又需要掌握产品的原始成本构成时,企业采用综合结转分步法进行半成品成本的结转,然后按照一定的还原标准将产成品成本还原成按原始成本构成,产品生产步骤越多,产品种类越多,成本还原的次数也越多,成本还原的工作量也越大。因此,综合结转分步法通常只在不需要进行成本还原,只需要分步骤核算产品成本,掌握各步骤及最终产成品的综合成本的企业使用。

(三)分项结转法

分项结转法是指在分步骤结转半成品成本时,按原始成本项目分项结转入下一生产步骤成本明细账的各个成本项目中。企业如果有半成品仓库来收发半成品,则半成品明细账中也按原始成本项目进行登账。

同综合结转一样,分项结转半成品成本时,既可以按实际成本结转,也可以按计划成本结转,再分项调整成本差异。但由于分项调整成本差异工作量较大,企业通常按实际成本进行分项结转。

[同步案例6-7] 某企业生产C产品,该产品需要经过两个生产步骤进行生产,有专门的半成品仓库对第一步骤生产出来的半成品进行收发,半成品的发出计价采用全月一次加权平均法,两个生产步骤完工产品和在产品之间费用的分配采用在产品按定额成本计价法。

根据各种要素费用分配表及其他相关资料,登记第一生产步骤半成品A的成本明细账(见表6-35)。

表6-35 产品成本明细账

第一步骤:半成品A 单位:元

摘要	产量(件)	直接材料	直接人工	制造费用	成本合计
月初在产品成本(定额成本)		27 000	24 000	35 000	86 000
本月费用		366 000	319 000	478 000	1 163 000
合计		393 000	343 000	513 000	1 249 000
完工转出半成品	1000	365 000	317 000	477 000	1 159 000
月末在产品成本(定额成本)		28 000	26 000	36 000	90 000

根据半成品仓库的入库单据和半成品A的成本明细账资料,编制分录如下。

借:自制半成品——半成品A   1 159 000
　　贷:生产成本——基本生产成本   1 159 000

半成品仓库将第一步骤所产的半成品A验收入库后,根据发出存货计价方法对第二步骤领用半成品进行计价,登记半成品明细账(见表6-36)。

表 6-36　自制半成品明细账

半成品 A　　　　　　　　　　　　　　　　　　　　　　　　　　　　　　　　　　　　　　单位:元

月份	摘要	数量(件)	实际成本			
			直接材料	直接人工	制造费用	成本合计
5	月初余额	200	73 000	64 600	90 600	228 200
	本月增加	1 000	365 000	317 000	477 000	1 159 000
	合计	1 200	438 000	381 600	567 600	1 387 200
	单位成本		365	318	473	1 156
	本月减少	900	328 500	286 200	425 700	1 040 400
	月末余额	300	109 500	95 400	141 900	346 800

　　借:生产成本——基本生产成本　　　　　　　　　　　　　　　　　1 040 400
　　　贷:自制半成品——半成品 A　　　　　　　　　　　　　　　　　　1 040 400

第二步骤根据需要从半成品仓库领用半成品 A,并根据各种要素费用分配表登记第二步骤的成本明细账(见表 6-37)。

表 6-37　产品成本明细账

第二步骤:产成品 C　　　　　　　　　　　　　　　　　　　　　　　　　　　　　　　单位:元

摘要	产量(件)	直接材料	直接人工	制造费用	成本合计
月初在产品成本(定额成本)		39 600	31 900	43 500	115 000
本月本步骤生产费用			262 700	418 900	681 600
本月耗用半成品费用	900	328 500	286 200	425 700	1 040 400
合计		368 100	580 800	888 100	1 837 000
完工转出产成品成本	870	327 990	548 100	843 030	1 719 120
产成品单位成本		377	630	969	1 976
月末在产品成本(定额成本)		40 110	32 700	45 070	117 880

根据完工产品数量和成本,编制下列分录。

　　借:库存商品——C　　　　　　　　　　　　　　　　　　　　　　　1 719 120
　　　贷:生产成本——基本生产成本　　　　　　　　　　　　　　　　　1 719 120

通过上面的例子可以清楚看到,分项结转法所提供的产成品成本是按原始成本项目构成的,有利于企业从产品成本结构的角度对产品成本进行分析和控制,不需要进行成本还原。但是,这种方法对各步骤所耗用上一步骤半成品的成本不能完整、准确地反映,虽然汇集了前面所有步骤的人工和制造费用,但未能反映本步骤所耗人工和制造费用,不利于对各步骤的成本水平进行分析和考核。因此,分项结转法适用于不需要分步骤获取半成品耗费成本和各步骤人工及制造费用耗费成本,又需要按原始成本项目反映产成品成本的企业。

总的来看,逐步结转分步法的特点如下。

首先,逐步结转分步法是以各步骤半成品和最终产成品为成本计算对象,是品种法的连续多次运用,半成品成本的结转和实物流转是同步的,可以对半成品的生产、销售等提供较多支持。

其次,逐步结转分步法在实际运作过程中,在进行半成品成本结转时,可以采用综合结转法,也可以采用分项结转法,两种方法各有优缺点。综合结转法能获取半成品成本,但无法反映产成品的原始成本项目;分项结转法能反映原始成本项目的产成品成本,但无法反映各步骤的加工费用水平,等等。虽然可以根据企业需求有选择地使用两种方法,但当企业既需要分步骤获取半成品成本和各步骤加工费用水平,又需要掌握原始成本项目的产成品成本时,两种方法就都不能完美解决企业需求。

最后,逐步结转分步法工作量较大,及时性不够。在此方法下,每一生产步骤成本的核算都依赖于上一步骤所产半成品成本的结转,各步骤不能同时进行产品成本的计算,成本信息的获取通常较为滞后。

三、平行结转分步法

如前所述,逐步结转分步法有其适用范围,也有一定的缺陷,在采用多步骤、大批、大量生产的企业中,有些企业是连续式多步骤生产,有些企业在生产类型上属于多步骤装配式企业。从实物流转上来看,绝大多数生产步骤相对比较独立,其生产不依赖于其他生产步骤,当从管理上来看不需要计算半成品成本时,则为了简化计算,更加快速、及时地获取产品成本信息,可以采用平行结转分步法。

平行结转分步法是指不进行半成品成本的结转,不计算各步骤所产的半成品成本,不计算各步骤所耗上一步骤半成品的成本,根据各步骤对最终产成品的贡献,即各步骤生产费用中进入最终产成品的份额,将各步骤生产费用中进入产成品的部分进行汇总,最终计算出产成品成本的方法。

（一）平行结转分步法的特点

在运用平行结转分步法的过程中,各步骤计入产成品份额的计算是不分顺序、平行进行的,其特点如下。

（1）各步骤只计算本步骤所发生的生产费用。平行结转分步法下,各步骤不计算半成品成本,只计算本步骤所发生的生产费用,如果本步骤没有新投入的原材料,而只是领用其他步骤的半成品,则本步骤成本明细账中只登记本步骤新发生的生产费用,对于领用的其他步骤的半成品则不登记入账。

（2）半成品成本不随实物转移而结转。即使企业设置了半成品收发仓库用于日常半成品的收发,当半成品从某一生产步骤完工进入仓库,或某一生产步骤领用半成品时,半成品成本都不需要结转,只需要对各步骤生产费用中计入最终产成品的份额进行计算、平行结转、汇总,从而计算出产成品成本。

（3）完工产品和在产品的范围。平行结转分步法下，各步骤只计算进入最终产成品的份额，即要将本步骤的生产费用划分为由本步骤在产品和最终产成品两部分来分担，这里的在产品是指广义在产品，即除了最终产成品之外都属于在产品，包括在本步骤生产线上的、本步骤已完工但尚未验收入库的半成品，本步骤已完工已验收入库的半成品，本步骤已完工且已转入下一生产步骤、尚未最后制成的半成品。而平行结转分步法下的完工产品仅指最后一个步骤完工的最终意义上的产成品，属于狭义完工产品。

（二）平行结转分步法的计算程序

平行结转分步法的计算程序如图 6-2 所示。

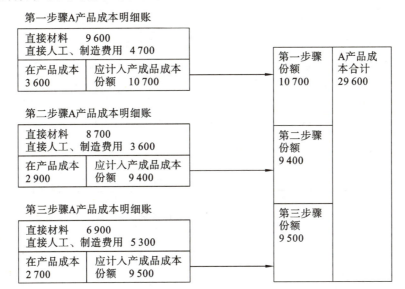

图 6-2　平行结转分步法的计算程序

1. 按生产步骤开设成本明细账

根据企业的生产工艺流程和管理需求划分若干个生产步骤，根据生产步骤开设成本明细账，对各步骤发生的费用进行归集，如果该步骤有新投入的材料、人工或制造费用，则按要求对相关费用按成本项目进行归集；如果该步骤投入的是其他步骤转入的半成品和人工及制造费用等加工费用，则只在该步骤的成本明细账上归集人工等加工费用。

2. 按合理方法将每步骤的生产费用在完工产品和在产品之间分配

根据平行结转分步法的特点，完工产品仅指最终产成品，在产品是广义在产品，各步骤的生产费用需要在最终产成品和广义在产品之间进行分配。根据本教材第四章生产费用在完工产品和在产品之间的分配方法，结合多步骤生产的企业实际，企业通常会选择定额成本法、定额比例法和约当产量比例法等确定各步骤生产费用中归属于最终产成品的份额。

(三)平行结转分步法的实际运用

在平行结转分步法下,生产费用在最终完工产品和广义在产品之间如何进行分配是重中之重。下面将分别用定额比例法和约当产量法来说明平行结转分步法的实际运用。

[**同步案例 6-8**] 某企业共有两个基本生产车间,原材料是生产开始时一次性投入,第二车间只有直接人工和制造费用,采用平行结转分步法进行成本核算,完工产品和在产品之间的费用分配采用定额比例法,其中直接材料按定额费用比例进行分配,直接人工和制造费用按定额工时比例进行分配。相关成本资料见表 6-38 和表 6-39。

表 6-38 A 产品定额资料

项目	月初在产品		本月投入		本月产成品				
	定额直接材料费用(元)	定额工时(小时)	定额直接材料费用(元)	定额工时(小时)	单件定额		产量(件)	定额直接材料费用(元)	定额工时(小时)
					直接材料费用(元)	工时(小时)			
第一车间	80 000	6 000	580 000	50 000	500	40	1 200	600 000	48 000
第二车间		5 000		40 000		30			36 000
合计	60 000	11 000	600 000	90 000	500	70	1 200	600 000	84 000

表 6-39 产品成本明细账

第一车间:A 产品　　　　　　　　　　　　　　　　　　　　　　　　　　　　单位:元

摘要	产成品产量(件)	直接材料		定额工时(小时)	直接人工	制造费用	成本合计
		定额	实际				
月初在产品		80 000	66 000	6 000	48 000	37 000	151 000
本月生产费用		580 000	726 000	50 000	456 000	355 000	1 537 000
合计		660 000	792 000	56 000	504 000	392 000	1 688 000
费用分配率			1.2		9.0	7.0	
产成品成本中本步骤份额	1 200	600 000	720 000	48 000	432 000	336 000	1 488 000
月末在产品		60 000	72 000	8 000	72 000	56 000	200 000

根据定额比例法的计算原理,在没有采用在产品期末盘点的企业,可以用倒轧的方法计算出月末在产品的定额费用和定额工时。

月末在产品定额直接材料费用=月初在产品直接材料定额费用
　　　　　　　　　　　　　+本月投入产品的直接材料定额费用
　　　　　　　　　　　　　-本月完工产品的直接材料定额费用

月末在产品定额工时=月初在产品定额工时+本月投入产品的定额工时
　　　　　　　　　-本月完工产品的定额工时

根据上述公式计算出定额费用和定额工时,结合各车间归集的生产费用,采用定额比例法计算出完工产品和在产品的成本(见表 6-40)。

第一车间直接材料定额费用和定额工时的计算如下:

月末在产品定额直接材料费用=80 000+580 000-600 000=60 000(元)

月末在产品定额工时=6 000+50 000-48 000=8 000(小时)

第一车间直接材料、直接人工和制造费用的分配如下:

第一车间直接材料费用分配率=792 000÷(80 000+580 000)=1.2

产成品成本中第一车间直接材料费用份额=600 000×1.2=720 000(元)

月末在产品直接材料费用=60 000×1.2=72 000(元)

或 =792 000-720 000=72 000(元)

第一车间直接人工费用分配率=504 000÷56 000=9

产成品成本中第一车间直接人工费用份额=48 000×9=432 000(元)

月末在产品直接人工费用=8 000×9=72 000(元)

或 =504 000-432 000=72 000(元)

第一车间制造费用分配率=392 000÷56 000=7

产成品成本中第一车间制造费用份额=48 000×7=336 000(元)

月末在产品制造费用=8 000×7=56 000(元)

或 =392 000-336 000=56 000(元)

表 6-40 产品成本明细账

第二车间:A 产品 单位:元

摘 要	产成品产量(件)	直接材料		定额工时	直接人工	制造费用	成本合计
		定额	实际				
月初在产品				5 000	32 000	38 000	70 000
本月生产费用				40 000	328 000	367 000	695 000
合计				45 000	360 000	405 000	765 000
费用分配率					8	9	
产成品成本中本步骤份额	1 200			36 000	288 000	324 000	612 000
月末在产品				9 000	72 000	81 000	153 000

第二车间定额工时的计算如下:

月末在产品定额工时=5 000+40 000-36 000=9 000(小时)

第二车间直接人工、制造费用的分配为:

第二车间直接人工费用分配率=360 000÷45 000=8

产成品成本中第二车间直接人工费用份额=36 000×8=288 000(元)

月末在产品直接人工费用=9 000×8=72 000(元)

或 =360 000-288 000=72 000(元)

第二车间制造费用分配率=405 000÷45 000=9

产成品成本中第二车间制造费用份额＝36 000×9＝324 000(元)

月末在产品制造费用＝9 000×9＝81 000(元)

或 ＝405 000－324 000＝81 000(元)

根据第一车间、第二车间产品成本明细账中应计入产成品成本的份额,汇总登记 A 产品成本明细账(见表6-41)。

表6-41 A产品成本汇总表　　　　　　　　　　　　　　　　　　　单位:元

项　目	产量(件)	直接材料	直接人工	制造费用	成本合计
第一车间成本份额	1 200	720 000	432 000	336 000	1 488 000
第二车间成本份额	1 200		288 000	324 000	612 000
合计		720 000	720 000	660 000	2 100 000
单位成本		600	600	550	1 750

[同步案例6-9] 某企业有两个基本生产车间,对 B 产品进行分步生产,第一车间进行产品生产时一次性投入原材料,第二车间领用第一车间所产的半成品并一次性投入生产,最终加工成产成品。该企业采用平行结转分步法计算产成品成本。5月份 B 产品的资料见表6-42～表6-44。

表6-42 B产品实物数量及在产品完工程度资料　　　　　　　　　　　　单位:元

项　目	第一车间	第二车间
月初在产品结存	200	300
本月投入或转入	1 100	1 200
本月完工并转出	1 200	1 100
月末在产品结存	100	400
完工程度	40%	50%

表6-43 第一车间产品成本资料

产品名称:B　　　　　　　　　　　　　　　　　　　　　　　　　　　　　单位:元

项　目	直接材料	直接人工	制造费用	合　计
月初在产品	313 000	389 520	462 680	1 165 200
本月投入生产费用	423 000	516 000	603 000	1 542 000
合计	736 000	905 520	1 065 680	2 707 200

表6-44 第二车间产品成本资料

产品名称:B　　　　　　　　　　　　　　　　　　　　　　　　　　　　　单位:元

项　目	直接材料	直接人工	制造费用	合　计
月初在产品		68 900	72 700	141 600
本月投入生产费用		631 800	859 400	1 491 200
合计		700 700	932 100	1 632 800

第一车间的费用分配如下:

直接材料费用分配率=(313 000+423 000)÷(1 100+100+400)=460

应计入产成品的份额=460×1 100=506 000(元)

月末在产品成本=460×500=230 000(元)

直接人工费用分配率=(389 520+516 000)÷(1 100+100×40%+400)=588

应计入产成品的份额=588×1 100=646 800(元)

月末在产品成本=588×440=258 720(元)

制造费用分配率=(462 680+603 000)÷(1 100+100×40%+400)=692

应计入产成品的份额=692×1 100=761 200(元)

月末在产品成本=692×440=304 480(元)

第二车间的费用分配如下:

直接人工费用分配率=(68 900+631 800)÷(1 100+400×50%)=539

应计入产成品的份额=539×1 100=592 900(元)

月末在产品成本=539×200=107 800(元)

制造费用分配率=(72 700+859 400)÷(1 100+400×50%)=717

应计入产成品的份额=717×1 100=788 700(元)

月末在产品成本=717×200=143 400(元)

根据上述资料和计算结果登记产品成本明细账(见表 6-45 和表 6-46),并进行成本汇总(见表 6-47)。

表 6-45 产品成本明细账

第一车间 单位:元

项　目	直 接 材 料	直 接 人 工	制 造 费 用	合　　计
月初在产品成本	313 000	389 520	462 680	1 165 200
本月生产费用	423 000	516 000	603 000	1 542 000
合计	736 000	905 520	1 065 680	2 707 200
应计入产成品成本份额	506 000	646 800	761 200	1 914 000
月末在产品成本	230 000	258 720	304 480	793 200

表 6-46 产品成本明细账

第二车间 单位:元

项　目	直 接 材 料	直 接 人 工	制 造 费 用	合　　计
月初在产品成本		68 900	72 700	141 600
本月生产费用		631 800	859 400	1 491 200
合计		700 700	932 100	1 632 800
应计入产成品成本份额		592 900	788 700	1 381 600
月末在产品成本		107 800	143 400	251 200

表 6-47　产成品成本汇总表

产品名称：B　　　　　　　　　　　　　　　　　　　　　　　　　　　产量：1 100 件

单位：元

项　　　目	直接材料	直接人工	制造费用	合　　计
第一车间成本份额	506 000	646 800	761 200	1 914 000
第二车间成本份额		592 900	788 700	1 381 600
产成品总成本	506 000	1 239 700	1 549 900	3 295 600
单位成本	460	1 127	1 409	2 996

在平行结转分步法下，各步骤可以同时计算产品成本，不需要结转半成品成本，计算工作量大大降低，成本信息的及时性也大大提高。最终产成品成本是根据按原始成本项目开设的各步骤成本明细账分配出来的，因此最终产成品成本是以原始成本项目构成所反映的，不需要进行成本还原。这一方法虽然有众多优点，但也有一定的缺陷。由于只将各步骤归属于最终产成品部分的生产费用分配出来，剩余的生产费用则属于广义在产品的成本，对于各步骤半成品的成本则不随实物的结转而结转，不利于各步骤的成本管理，亦不利于各步骤在产品的实物管理和资金管理。

◇ 练习与思考

一、客观题

二维码 6-2
客观题

二维码 6-3
客观题答案

二、综合题

1. 某企业产品批次多，各批次产品有一定差异，生产周期长，月末经常有大量未完工的在产品，为简化核算，间接费用采用累计间接计入费用分配法。

二维码 6-4
综合题答案

要求：分别计算各批产品的成本，登记相关明细账和二级账。

有关资料如下：

（1）该企业 20××年 6 月生产的产品及批号如下所示。各产品的原材料都是生产开始时一次性投入。

1001 号：A 产品 400 件，4 月投产，本月全部完工；

2020 号：B 产品 100 件，5 月投产，本月完工 20 件，完工产品耗费共计 600 小时；

3300 号：C 产品 40 件，本月投产，本月未完工。

（2）20××年 3 月基本生产成本的二级账户及明细账户资料见表 6-48～表 6-51(单位：元)。

表 6-48　基本生产成本二级账户

时间	摘　要	直接材料	生产工时（小时）	直接人工	制造费用	合　计
6.30	生产费用及工时累计	172 000	3 360	53 760	67 200	292 960
	累计间接计入费用分配率					
	完工产品成本	108 000				
	月末在产品成本					

表 6-49　产品批号：1001 号产品　　　　　4 月投产，本月完工

时间	摘　要	直接材料	生产工时（小时）	直接人工	制造费用	合　计
4.30	本月发生	100 000	600			
5.31	本月发生		800			
6.30	本月发生		400			
	累计费用及分配率					
	完工产品成本					
	单位产品成本					

表 6-50　产品批号：2020 号产品　　　　　5 月投产，本月完工 20 件

时间	摘　要	直接材料	生产工时（小时）	直接人工	制造费用	合　计
5.31	本月发生	40 000	400			
6.30	本月发生		800			
	累计费用及分配率					
	完工产品成本					
	在产品成本					

表 6-51　产品批号：3300 号产品　　　　　6 月投产，本月未完工

时间	摘　要	直接材料	生产工时（小时）	直接人工	制造费用	合　计
6.30	本月发生	32 000	360			

2. 某企业主要生产甲产品，生产可分为两个步骤，第一车间生产半成品后再转入第二车间加工成产成品，中间经过半成品库收发半成品，其成本计价方法为加权平均法。假设原材料或半成品均为一次投入，期末生产费用的纵向分配采用约当产量比例法，各车间半成品成本的结转采用综合结转法。20××年 8 月有关资料见表 6-52～表 6-55。

要求：

（1）根据上述资料，计算产品成本（列示分配率的计算过程），登记生产成本明细账和自

制半成品明细账。

（2）编制相关会计分录。

表6-52 产量资料 单位：件

项目	第一车间	第二车间
月初在产品结存	40	100
本月投入或转入	380	360
本月完工并转出	400	420
月末在产品结存	20	40
月末在产品完工程度	50%	60%

表6-53 基本生产成本明细账

车间名称：第一车间 单位：元

项目	直接材料	直接人工	制造费用	合计
月初在产品成本	7 000	4 800	6 200	18 000
本月生产费用	62 300	23 900	28 650	114 850
合计				
分配率				
完工转出半成品成本				
月末在产品成本				

表6-54 自制半成品明细账

金额单位：元

产品名称：甲半成品 计量单位：件

月份	月初余额		本月增加		合计		本月减少	
	数量	成本	数量	成本	数量	成本	数量	成本
08.01	80	20 800						
08.02								

表6-55 基本生产成本明细账

车间名称：第二车间 单位：元

项目	自制半成品	直接人工	制造费用	合计
月初在产品成本	40 200	12 140	9 020	61 360
本月生产费用	111 600	23 380	30 940	165 920
合计				
分配率				
完工转出产成品成本				
月末在产品成本				

3. 某企业主要生产乙产品。乙产品的生产需要经过两个生产步骤,分别由第一车间、第二车间进行。第一车间生产 A 半成品全部为第二车间耗用,采用平行结转分步法计算产品成本,各步骤应计入产成品的份额与广义在产品之间的分配方法采用约当产量比例法。20××年 5 月相关资料如下。

(1) A 产品生产状况如表 6-56 所示。

表 6-56 A 产品生产状况

20××年 5 月 31 日　　　　　　　　　　　　　　　　　　单位:件

项　　目	第 一 车 间	第 二 车 间
月初在产品结存	40	36
本月投入或转入	360	380
本月完工并转出	380	400
月末在产品结存	20	16
月末在产品完工程度	60%	50%

(2) 第一车间所需要的原材料以及第二车间所需要的原材料及半成品均是在生产步骤开始时一次投入;两个车间的人工费用和制造费用均随加工进度发生。

(3) 各车间的生产费用见表 6-57 和表 6-58。

表 6-57 产品成本明细账

第一车间　　　　　　　　　　　　20××年 5 月　　　　　　　　　　　　单位:元

项　　目	直 接 材 料	直 接 人 工	制 造 费 用	合　　计
月初在产品费用	7 752	2 996	2 924	
本月生产费用	71 600	53 500	43 300	
合计				
分配率(元/件)				
应计入产成品份额				
月末在产品费用				

表 6-58 产品成本明细账

第二车间　　　　　　　　　　　　20××年 5 月　　　　　　　　　　　　单位:元

项　　目	直 接 材 料	直 接 人 工	制 造 费 用	合　　计
月初在产品费用	1 988	3 984	3 216	
本月生产费用	17 980	87 000	69 000	
合计				
分配率(元/件)				
应计入产成品份额				
月末在产品费用				

要求：

(1) 计算 A 产品成本，编制会计分录，登记完成产品成本明细账。

(2) 编制产成品成本汇总表（表6-59）。

表6-59　产成品成本汇总表

完工产品：400件　　　　　　　　20××年5月　　　　　　　　　　　单位：元

项　目	直接材料	直接人工	制造费用	合　计
第一车间成本份额				
第二车间成本份额				
产成品总成本				
产成品单位成本				

4. 某企业大量生产 A 产品，分两个生产步骤连续加工，其中第一步骤制造 A 半成品，入半成品库。第二步骤领用 A 半成品继续加工成 A 产成品。成本计算采用综合结转分步法。20××年8月份有关成本资料如下：

(1) 第一车间完工 A 半成品125件，在产品50件，本车间的在产品成本采用定额成本法计算，在产品的单位定额成本分别为：直接材料25元，直接人工28元，制造费用13元。两个车间本月有关的成本资料见表6-60和表6-61。

表6-60　第一车间成本资料　　　　　　　　　　　　　　　　　　　　单位：元

项　目	产　量	直接材料	直接人工	制造费用	合　计
月初在产品成本	75件	1 500	2 000	1 050	4 550
本月发生的生产费用	100件	3 000	5 150	3 600	11 750

表6-61　第二车间成本资料　　　　　　　　　　　　　　　　　　　　单位：元

项　目	产　量	半成品	直接人工	制造费用	合　计
月初在产品成本	25件	2 530	4 000	2 020	8 550
本月发生的生产费用	50件		5 500	2 500	

(2) 自制 A 半成品的明细账资料（见表6-62）：第二车间本月领用 A 半成品50件投入生产，发出半成品成本采用全月一次加权平均单价计算。

表6-62　自制半成品明细账　　　　　　　　　　　　　　　　　　　金额单位：元

　　　　　　　　　　　　　　　　　　　　　　　　　　　　　　　　计量单位：件

月初结存		本月增加		合　计			本月减少		月末结存	
数量	金额	数量	金额	数量	单价	金额	数量	金额	数量	金额
25	2 675	125		150			50		100	

(3) 第二车间本月领用 A 半成品10件，在生产时一次投入，本月完工 A 产成品25件，在产品50件，本车间的在产品成本采用约当产量法计算，本月在产品完工程度50%。两个

车间有关成本计算资料见表 6-63 和表 6-64。

表 6-63　第一车间成本计算单　　　　　　　　　　　　　　　　单位:元

项　　目	直接材料	直接人工	制造费用	合　　计
月初在产品成本				
本月发生的费用				
合计				
本月完工产品成本（　）件				
月末在产品成本（　）件				

表 6-64　第二车间成本计算单　　　　　　　　　　　　　　　　单位:元

项　　目	半成品	直接人工	制造费用	合　　计
月初在产品成本				
本月发生的费用				
合计				
约当产量				
分配率				
本月完工产品成本（　）件				
月末在产品成本（　）件				

要求：

（1）采用综合结转法进行成本计算。

（2）进行成本还原。

三、思考题

1. 品种法为什么是最基本的成本核算方法？
2. 采用分批法计算产品成本需要经过哪些步骤？
3. 在分批法中，什么情况下需要在批内计算完工产品成本和在产品成本？
4. 综合结转分步法的优缺点是什么？
5. 平行结转分步法下如何计算约当产量？

二维码 6-5
思考题
答题思路

◇ **本章知识链接**

1. 企业产品成本会计编审委员会.企业产品成本会计核算详解与实务[M].北京:人民邮电出版社,2020.

2. 查尔斯·T·亨格瑞,斯里坎特·M·达塔尔,马达夫·V·拉詹.成本与管理会计[M].15 版.王立彦,刘应文,译.北京:中国人民大学出版社,2016.

第七章　产品成本计算的辅助方法

◇ **学习目标**

本章要求掌握分类法、定额法、标准成本法的特点、适用范围及核算程序,理解分类法的应用条件,理解定额法的核算原理,理解标准成本法对成本理论的改进。

1. **知识目标**

掌握三种辅助方法的核算原理。

2. **能力目标**

熟练运用三种方法进行成本核算。

3. **情感目标**

在创新型发展战略和高质量发展理念的引领下运用辅助方法来改善企业管理。

◇ **学习重难点**

1. 分类法中成本的核算。
2. 定额法下脱离定额差异和定额变动差异的核算。
3. 标准成本法中差异的核算和分析。

◇ **本章关键词**

综合系数;脱离定额差异;标准成本

◇ 导入案例

广东雪莱特光电科技股份有限公司 2007 年启用 ORACLE ERP 系统（版本为 11I），随着公司规模扩大，特别是随着下属子公司数量的增加，为更好地满足公司财务核算要求、提高成本管理水平，雪莱特于 2015 年第四季度实施了 ORACLE ERP 系统的重大升级（升级至版本 R12）。此次升级后，存货取得和发出的计价方式由原来按照实际成本计价的加权平均法变更为标准成本法。

变更后，雪莱特采用标准成本法进行日常核算，月末对标准成本差异进行分配，将期末存货标准成本调整为实际成本，符合企业会计准则对于存货计量和列报的要求。同时，采用标准成本法后，在集团层面能够更好地进行成本的事前、事中控制及事后分析评估，有助于实施成本考核，提升成本管理水平，节约实际成本消耗。

思考：标准成本法和实际成本法有何差异？标准成本法有何优势？

■ 资料来源：深圳证券交易所网站

二维码 7-1 广东雪莱特光电科技股份有限公司会计政策、会计估计变更和前期重大会计差错更正的专项说明

第一节　分类法

一、分类法的含义

分类法是指按产品类别来进行成本计算，但必须和品种法、分批法或者分步法结合使用。

有些企业产品品种繁多，有些企业产品在性能、外形等方面相似，只是规格或者型号等存在差异，如果按产品品种、产品批次等开设明细账进行成本核算，则工作较为繁杂。为简

化成本核算工作,可以分为几个大类,按产品类别开设明细账,核算出一类产品的成本后再在类内选择合理的标准进行成本分配。

二、分类法的计算程序

(一)按类别开设成本明细账归集成本

企业根据生产工艺、产品性能等方面的不同将产品划分为若干个类别,按类别开设成本明细账,对各类产品发生的生产费用进行归集,计算各类产品的成本。

(二)将各类产品的成本在类内进行分配

各类产品内部可能是相似的多种产品、多批产品或某个生产步骤的多种半成品,在计算出各类产品成本后,要选择合理的标准将成本在类内进行分配。比如某企业产品品种多、规格复杂,可以按一定标准将产品划分为甲、乙、丙三类,每类产品下面又有具体的两种或三种产品,则只需将计算的甲、乙、丙类产品分别分配给每类产品下面的具体产品,见图7-1。

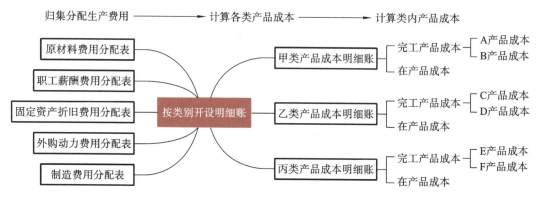

图 7-1 分类法核算基本程序图

(三)类内产品分配标准的选择

同类产品内部在进行成本分配时,可以有多种分配标准,比如定额消耗量、定额费用、工时、重量、体积、售价等。在确定分配标准时,要选择和产品生产耗费关系最为密切的分配标准,最能体现成本差异的分配标准。

具体在进行成本分配时,可以选择一个标准将综合成本进行分配,也可以按成本项目分别选择分配标准,比如直接材料按原材料的定额消耗费用、实际数量等标准进行分配,直接人工可以按照人工工时进行分配,制造费用可以按照机器工时进行分配。在具体操作中,还可以根据选择的标准来折算系数,按照系数在类内进行产品成本的分配。

确定系数时,通常先确定一个标准产品,这种产品要具备产量大、生产稳定、规格适中、代表性强等特点,将这种产品的系数确定为1,在确定了分配标准后,根据其他产品的分配标准额和标准产品的分配标准额之比,计算其他产品的系数,然后根据各种产品的系数比例分配成本。在实际操作中,有些企业还将产量与系数相结合,标准产品系数为1,则标准产品产量仍为实际产量,其他产品将实际产量乘以系数计算出标准产品产量,根据类内全部产品的标准产品产量比例来分配成本。

[同步案例7-1] 某企业生产甲、乙、丙三种产品,原材料、生产工艺、产品性能等都非常相似,可以合并为一类(F类),运用分类法来辅助成本核算。类内各种产品的费用分配标准为:直接材料费用按直接材料费用系数分配,直接材料费用系数按直接材料定额消耗来确定,直接人工和制造费用按定额工时比例分配(见表7-1)。

表 7-1　直接材料费用系数计算表　　　　　　　　　　　　　单位:元

产品名称	直接材料定额消耗	系　　数
甲产品(标准产品)	500	1.00
乙产品	480	480÷500=0.96
丙产品	550	550÷500=1.10

在分类法下,根据产品类别开设成本明细账(见表7-2),通过各种要素费用分配表归集生产费用,完工产品和在产品之间费用的分配采用在产品按年初固定数计价法。

表 7-2　产品成本明细账

产品名称:F类　　　　　　　　20××年×月×日　　　　　　　　单位:元

摘　　要	直接材料	直接人工	制造费用	合　　计
月初在产品成本	2 100	1 900	2 300	6 300
本月费用	37 800	38 700	45 150	121 650
生产费用合计	39 900	40 600	47 450	127 950
产成品成本	37 800	38 700	45 150	121 650
月末在产品成本	2 100	1 900	2 300	6 300

根据计算的产成品成本,按照选定的分配标准在F类产品内部进行费用的分配,计算出甲、乙、丙三种产品的成本(见表7-3)。

表7-3　各种产成品成本计算表

20××年×月×日　　　　　　　　　　　　　　　　　　单位:元

项　目	产量（件）	直接材料费用系数	直接材料费用总系数	工时消耗定额	定额工时	直接材料	直接人工	制造费用	合计
①	②	③	④＝②×③	⑤	⑥＝②×⑤	⑦＝④×分配率	⑧＝⑥×分配率	⑨＝⑥×分配率	⑩＝⑦+⑧+⑨
分配率						12	6	7	
甲产品	1 200	1	1 200	2	2 400	14 400	14 400	16 800	45 600
乙产品	1 000	0.96	960	1.8	1 800	11 520	10 800	12 600	34 920
丙产品	900	1.1	990	2.5	2 250	11 880	13 500	15 750	41 130
合计			3 150		6 450	37 800	38 700	45 150	121 650

直接材料费用分配率＝37 800÷3 150＝12

直接人工费用分配率＝38 700÷6 450＝6

制造费用分配率＝45 150÷6 450＝7

三、分类法的适用范围和特点

（一）分类法的适用范围

分类法是产品成本计算的辅助方法，和生产工艺流程、生产组织形式没有关联，适用范围不受生产类型的影响。主要适用于产品品种繁多、规格复杂，相似产品可以根据一定标准划分为一个大类的企业。有些企业是同一种原材料经过统一生产过程最终生产出多种产品，比如石油企业、钢铁企业；有些企业不同产品的生产工艺类似，品种繁多，比如纺织品企业、五金产品企业、灯泡厂等。在具体使用上，可将品种法和分类法相结合，大的类别下有多种产品；可将分批法和分类法相结合，大的类别下是多个批次的产品；也可将分步法和分类法相结合，大的类别下是某一生产步骤所产的多种半成品。

（二）分类法的特点

1. 简化成本计算工作

将分类法和成本计算的基本方法相结合，可以明显减少成本明细账的开设，大大简化各种要素费用的归集和分配,大大简化费用在完工产品和在产品之间的归集和分配,且有利于对一类产品的成本进行分析和控制。

 2. 成本准确性有所降低

分类法按类别对产品成本进行了归集后,要选择一定标准在类内进行分配,不管是各成本项目采用统一的标准进行分配,还是各成本项目分别采用不同的标准进行分配,直接费用和间接费用都是按一定标准分配的,同直接按品种或批次等开设明细账所归集的成本存在一定差异。另外,在相似产品进行分类时,如何分类、类别多少、类内产品品种多少等都会影响成本计算准确性,类别分得越细,对成本计算准确性的影响越小,但工作量未必减少;类别分得越大,工作量将得到较大简化,但成本计算准确性下降越多。因此,企业在使用分类法时要科学确定类别,并根据生产工艺等变化及时调整产品类别。

四、分类法的典型应用——联产品、副产品和等级产品

(一) 联产品

联产品是指同一批原材料经过同一加工过程最终产出的多种产品,这些产品都属于企业的主要产品,是企业取得主营业务收入的主要销售产品。比如,石油企业通过加工原油生产出汽油、柴油等产品。联产品在整个生产过程中发生的成本,即联合成本。

联产品由于是采用相同原材料经过同一加工过程生产出来的,生产过程中发生的各项费用支出都是共同发生的,在最终产出阶段分离成多种产品,有些产品可以直接出售,有些产品需要经过进一步的加工才能出售。在共同生产阶段发生的联合成本需要采用分类法归集生产费用,然后选择合适的方法在类内各种联产品之间进行分配,对于分离后还需要加工的产品,后续发生的加工费用归集后应并计入。

[**同步案例 7-2**] 某企业生产甲、乙、丙三种联产品,这三种产品是经过同一个加工过程而生产出来的,完工后可直接销售,通过各种要素费用表归集的联合成本和各产品产量资料见表 7-4。

表 7-4 联产品产量资料

产 品 名 称	产量(件)
甲产品	3 000
乙产品	5 000
丙产品	4 000
合计	12 000

联产品按产量比例进行直接材料、直接人工、制造费用的费用分配(见表 7-5 和表 7-6)。

表 7-5　联产品联合成本资料

20××年×月×日　　　　　　　　　　　　　　　　　　　　　　　　单位:元

项　　目	直接材料	直接人工	制造费用	合　　计
联合成本	96 000	87 000	105 600	288 600

表 7-6　联合成本分配计算表

20××年×月×日　　　　　　　　　　　　　　　　　　　　　　　　单位:元

产品名称	产量(千克)	直接材料		直接人工		制造费用		合　计
		分配率	分配额	分配率	分配额	分配率	分配额	
甲产品	3 000		24 000		21 750		26 400	72 150
乙产品	5 000		40 000		36 250		44 000	120 250
丙产品	4 000		32 000		29 000		35 200	96 200
合计	12 000	8.00	96 000	7.25	87 000	8.80	105 600	288 600

直接材料费用分配率＝96 000÷12 000＝8.00

直接人工费用分配率＝87 000÷12 000＝7.25

制造费用分配率＝105 600÷12 000＝8.80

(二) 副产品

副产品是指在生产主要产品的过程中附带产生的一些产品。这些产品的产生往往不可避免,也可以对外销售,但不是企业的主要收入来源。比如制作肥皂的过程中产生的甘油,汽油生产过程中产生的渣油、石油焦等。

副产品是生产过程中不可避免会顺带产出的一些产品,这些产品虽然不是企业主要的收入来源,但同样能给企业带来经济利益的流入,需要对其进行管理,核算其成本。鉴于其和主要产品在原材料和生产过程方面的同源性,通常采用分类法归集主要产品和副产品的成本,然后再选择合适的方法将副产品的成本分配出来,一般是从总成本的材料成本项目中扣除。

副产品成本通常按照售价减去税金和按正常利润率计算的销售利润后的余额计价,或者在此基础上确定固定单价,以固定单价计价。副产品成本分离出来后,剩余的即为主要产品的成本,如果副产品成本核算不够准确,副产品成本过高或者过低,会影响主要产品的成本,影响产品定价、利润核算、经营决策等众多问题。

(三) 等级产品

等级产品是指由于原材料的差异、生产工艺的差异或者工人操作不当等原因生产出来的存在明显的质量、规格等方面差异的产品。等级产品的生产有些是因为管理不善或操作不当产生的,更多的是为了满足不同消费者的需求而生产的。比如毛巾生产企业通常会根据原材料的差异或者生产工艺的差异生产出不同规格的产品,例如一等品、二等品、三等品等。如果是企业为满足消费者的需求差异而生产的等级产品,需要按照分类法先归集生产费用,然后再选择合适的标准在等级产品之间进行费用分配;如果是工人操作不当或管理不善导致的等级产品,则不应在成本上对这些等级产品有所区别,应该按原有成本核算方法进行成本计算,等级产品售价或利润的不同可以有利于企业对产品生产和管理方面的改进。

[同步案例7-3] 某茶厂由于所用原材料的不同而产出不同等级的茶叶,其中特等茶5 000千克,一等茶6 000千克,二等茶9 000千克,普通茶12 000千克。以售价作为分配标准,以一等茶为标准产品,采用系数法分配共同成本。相关资料见表7-7和表7-8。

表7-7 产品成本明细账

20××年×月×日 单位:元

项 目	直接材料	直接人工	制造费用	合 计
本月完工产品	2 365 000	2 782 000	2 525 500	7 672 500

表7-8 售价资料

20××年×月×日 单位:元

项 目	特 等 茶	一 等 茶	二 等 茶	普 通 茶
单位售价	600	400	300	200

根据上述资料,分配等级茶叶的成本(见表7-9)。

表7-9 等级产品成本计算表

等 级	产量 (千克) ①	单价 (元) ②	系数 ③	总系数 ④=①×③	分配率 ⑤	总成本 (元) ⑥=⑤×④	单位成本 (元) ⑦=⑥÷①
特等茶	3 000	600	1.50	4 500	330	1 485 000	495.0
一等茶	6 000	400	1.00	6 000	330	1 980 000	330.0
二等茶	9 000	300	0.75	6 750	330	2 227 500	247.5
普通茶	12 000	200	0.50	6 000	330	1 980 000	165.0
合计	30 000	—	—	23 250	—	7 672 500	—

根据各种茶叶的验收入库单,编制会计分录如下。

借:库存商品 7 672 500
  贷:生产成本——基本生产成本 7 672 500

第二节 定额法

一、定额法的含义

定额法是在产品成本核算过程中以定额成本为基础,将脱离定额差异、定额变动差异等计入定额成本中,最终计算出产品的实际成本。定额法和前面所讲的品种法、分批法、分步法、分类法有很大的不同,其对产品成本的计算不是通过归集生产过程中发生的实际生产费用而最终计算出产品成本,而是运用定额资料核算定额成本,然后将相关差异计入定额成本,最终计算出产品成本。实际成本和定额成本的差异在成本核算的过程中能及时获取,不需要等产品成本计算出来后再核算实际成本和定额成本的差异,有利于发挥成本资料对企业成本管理、经营决策的作用。

二、定额法的计算程序

(一)定额成本的计算

定额法的计算与传统方法相比较十分简单,通过每个产品的消耗定额和计划单价直接计算出产品的成本,将实际成本与定额成本进行比较后,计算出各成本要素的成本差异,然后将差异进行分配,最终得出产品的实际成本,包括直接材料消耗定额、人工工时定额、计划单价定额等。各项费用定额和产品单位定额成本的计算公式如下:

直接材料费用定额=产品直接材料消耗定额×原材料计划单价
直接人工费用定额=产品生产工时定额×计划直接人工费用率
制造费用定额=产品生产工时定额×计划制造费用率
产品单位定额成本=直接材料费用定额+直接人工费用定额+制造费用定额

产品的定额成本是依据产品的定额消耗量而确定的,一般在成本计算期内不会变化,只有在定额成本规定的时间进行修订时,才会进行调整。这种调整是由于生产技术的进步、劳动生产率的提高、采购价格的下降等原因而产生的。所以,采用定额成本进行成本核算,越接近实际情况越精确。定额法需要企业的采购、计划、财务、技术、生产等部门共同参与完成。为了简化核算工作,只介绍一两个产品的定额成本核算,从制定零件定额成本出发,汇总计算该产品各零件的成本,最后与定额总成本比较计算出该产品的成本差异。当然,如果需要对每步骤的成本差异进行分析,也可以借助于计算机和相关软件。本教材将用总差异来介绍定额成本核算。产品定额成本计算表见表7-10。

表 7-10　产品成本定额卡

产品编号或名称:甲产品

产品编号或名称	半成品编号或名称	材料编号或名称	单位	直接材料数量	直接材料价格	直接材料消耗定额	工时定额	计划人工费率	制造费用费用率	总成本
甲产品			件	1		202.00	194	1 455.00	776.00	2 433.00
							140	1 050.00	560.00	1 610.00*
	1101		件	1	92.00	92.00		7.50	4.00	
		2101	件	12	5.00	60.00	18			
		2102	件	8	4.00	32.00	12			
		装配				—	4			
		小计				92.00	34	255.00	136.00	483.00
	1102		件	1	110.00	110.00		7.50	4.00	
		2201	件	10	5.00	50.00	12			
		2202	件	12	5.00	60.00	5			
		装配				—	3			
		小计				110.00	20	150.00	80.00	340.00

* 标识数值为生产甲产品的人工和制造费用之和。

(二) 脱离定额差异的核算

定额成本差异是在生产过程中各项成本要素的实际发生成本与执行定额成本或预算数或计划数之间的差额。准确和及时地核算定额成本差异是成本控制的关键和有效方法,成本差异需要按产品的成本要素进行区分,分别计算出各项差异额,找出成本差异的原因和降低成本的方法。

1. 直接材料费用定额差异的核算

直接材料费用定额差异的核算方法一般有限额领料法、切割换算法和盘存法三种。

在定额法下,对原材料的领用应实行限额领料(或定额发料)制度。这对于控制领料、及时核算差异,从而有效进行成本控制是非常重要的。

(1) 限额领料法

限额领料法,也称限额法,就是利用定额领料单凭证和差异领料凭证来分别反映定额内和超定额的材料领用情况,并以此为基础来计算直接材料费用定额差异的一种方法。

在限额领料法下,一般分为三种情况,第一种是按加工单数量与单位定额的原材料领取生产材料,第二种是超过限额的办理追加手续,即办理超额领料差异凭证,这属于超支差异。第三种是每批生产加工单完成后,车间有剩余原材料,则应填制退料单,办理退料手续,这属于节约差异。三种情况的合计数就是实际成本,差异需要按照要求进行分配。

应当注意的是,直接材料定额差异是产品生产中实际用料脱离现行定额而形成的成本差异,而限额法并不能完全控制用料,上述差异凭证所反映的差异往往只是领料差异,而不一定是用料差异。这是因为,投产的产品数量不一定等于生产的产品数量;所领用原材料的数量也不一定等于原材料的实际消耗量,即期初、期末车间可能有余料。

[同步案例7-4] 根据加工单要求生产10 000件甲产品,即根据限额领料单领取10 000件甲产品的原材料。假定每件产品的直接材料消耗定额为5千克(原材料在生产开始时一次投入),则领料限额为50 000千克;本月实际领料48 000千克,领料差异为少领2 000千克。

现假定有以下三种情况:

第一种情况:本期投产产品数量符合限额领料单规定的产品数量,即为1 000件,且期初、期末均无余料。则上述少领2 000千克的领料差异就是用料脱离定额的节约差异。

第二种情况:本期投产产品数量仍为10 000件,但车间期初余料为1 000千克,期末余料为1 200千克,则

直接材料定额消耗量=10 000×5=50 000(千克)

直接材料实际消耗量=48 000+1 000-1 200=47 800(千克)

直接材料脱离定额差异=47 800-50 000=-2 200(千克)(节约)

第三种情况:本期投产产品数量为9 000件,车间期初余料为1 000千克,期末余料为1 200千克,则

直接材料定额消耗量=9 000×5=45 000(千克)

直接材料实际消耗量=48 000+1 000-1 200=47 800(千克)

直接材料脱离定额差异=47 800-45 000=+2 800(千克)(超支)

由此可见,只有投产产品数量等于规定的产品数量,且车间期初、期末均无余料,或期初、期末余料数量相等时,领料(或发料)差异才是用料脱离定额的差异。

(2) 切割核算法

切割核算法是指对于需要经过切割才能进一步加工的材料,如钢材、板材、棒材等,通过计算填制材料切割核算单等办法来核算其在切割过程中用料定额差异的一种方法。

(3) 盘存法

盘存法是指在每月结账日,对在本会计核算期间内领用的直接材料进行车间盘点,按照投入产出中实际耗用量与定额消耗量之间的差异来进行成本核算的一种方法。这种方法现在普遍适用于制造加工行业。通过盘存法可以间接推算出本会计期间的实际耗用数量,具

体计算步骤如下。

①根据完工产品数量和在产品盘存(实地盘存或账面结存)数量算出投产产品数量,再乘以原材料消耗定额,计算出原材料定额消耗量。其中,投产产品数量的计算公式如下:

本期投产产品数量＝本期完工产品数量＋期末在产品数量－期初在产品数量

②根据限额领料单、超额领料单、退料单等材料凭证以及车间余料的盘存数量,计算直接材料实际消耗量。

③将直接材料实际消耗量与定额消耗量进行比较,进而确定原材料脱离定额的差异。

应当指出的是,按照上述公式计算本期投产产品数量,必须具备以下条件,即原材料在生产开始时一次投入,期初和期末在产品都不再耗用原材料。如果原材料是随着生产的进行陆续投入,在产品还要耗用原材料,那么上述公式中的期初和期末在产品数量应改为按直接材料消耗定额计算的期初和期末在产品的约当产量。

[同步案例7-5] 生产乙产品耗用C材料。乙产品期初在产品为500件,本期完工产品为10 000件,期末在产品为1 500件。生产乙产品用原材料系在生产开始时一次投入,乙产品的原材料消耗定额为每件2千克,原材料的计划单价为每千克10元。限额领料单中载明的本期已实际领料数量为21 000千克。车间期初余料为500千克,期末余料为200千克。有关数据计算如下:

投产产品数量＝10 000＋1 500－500＝11 000(件)

直接材料定额消耗量＝11 000×2＝22 000(千克)

直接材料实际消耗量＝21 000＋500－200＝21 300(千克)

直接材料脱离定额差异(数量)＝21 300－22 000＝－700(千克)(节约)

直接材料脱离定额差异(金额)＝－700×10＝－7 000(元)(节约)

对于直接材料定额与实际消耗量之间的差异,应在核算的当期,最长不能超过一个会计年度内,通过编制成本及成本差异汇总表,对差异进行分配。现以A公司甲产品为例,其所耗直接材料与计划价格费用及二者之间的差异额如表7-11所示。当生产的产品所耗用原材料越多的时候,通过材料清单(BOM)构成,分析定额费用与计划价格费用之间的差异,能更清楚地分析差异原因,寻找降低原材料消耗的方法。

现以A公司甲产品为例,列示其6月份直接材料定额费用和脱离定额差异汇总表,详见表7-11。

表7-11 直接材料定额费用和脱离定额差异汇总表

产品名称:甲产品　　　　　　　　　20××年×月×日　　　　　　　　　单位:元

原材料类别	材料编号	单位	计划单价	定额费用		计划价格费用		脱离定额差异		差异原因
				数量	金额	数量	金额	数量	金额	
原料	120100	千克	5.00	60 000	300 000	62 000	310 000	2 000	10 000	略
主要材料	230400	千克	4.00	50 000	200 000	45 000	180 000	－5 000	－20 000	略
辅助材料	320200	千克	4.00	17 500	70 000	18 000	72 000	500	2 000	略
合计					570 000		562 000		－8 000	

自制半成品的定额消耗量、定额费用和脱离定额差异的核算方法与直接材料的核算方法相同。

 2. 直接人工费用定额差异的核算

在计件工资制下,直接人工费用属于直接费用,人工定额成本费用通过产品的产量与直接人工单价计算汇总得出,其他直接人工费用,通过月末的会计核算可知,也可以专设工资补发凭证表进行汇总计算得出。定额成本与实际发放工资之间的差额就是直接人工差异。

由于实际人工费用总额到月末才能确定,因此,在计时工资制度下,直接人工定额的差异也只能在月末才能计算确定。如果直接人工费用属于直接计入费用,则该种产品本月直接人工定额的差异可以按下列公式计算:

某种产品直接人工费用定额的差异＝该产品实际直接人工费用－(该产品约当的实际产量×该产品直接人工费用定额)

如果直接人工费用属于间接计入费用,则该种产品的直接人工费用定额差异应按下列公式计算:

计划每小时直接人工费用＝某车间计划产量的定额直接人工费用总额
÷该车间计划产量的定额生产工时总额

实际每小时直接人工费用＝该车间实际直接人工费用总额÷该车间实际生产工时总数

某产品的定额直接人工费用＝该产品实际完成的定额生产工时×计划每小时直接人工费用

某产品的实际直接人工费用＝该产品实际生产工时×实际每小时直接人工费用

某产品直接人工费用定额的差异＝该产品实际直接人工费用－该产品定额直接人工费用

由以上计算公式可以看出,直接人工费用脱离定额的差异的形成原因包括以下几个方面。

①直接人工费用总额控制得怎样,是否超过计划。

②现有生产条件利用得如何,生产工时总数是否达到了规定的水平。

③单位产品的工时消耗水平如何,是否达到了定额要求,也就是说,要从直接人工费用总额的变化、生产能力的利用情况和产品劳动生产率的变动等方面来分析和探究产品直接人工费用定额的形成原因。

不论采用哪一种工资制度,月末都应当根据上述核算资料,按照成本计算对象汇总编制直接人工定额成本和定额差异汇总表。

[同步案例7-6] A公司B车间(该车间生产甲产品和其他产品)6月份计划产量的定额直接人工费用为14 750元,计划产量的定额生产工时总数为2 950小时;6月实际直接人工费用为10 868元,实际生产工时总数为2 090小时;6月甲产品定额工时为1 830小时,实际生产工时为1 800小时。

甲产品定额直接人工费用和直接人工费用脱离定额的差异计算如下:

计划每小时直接人工费用＝14 750÷2 950＝5(元)

实际每小时直接人工费用＝10 868÷2 090＝5.2(元)

甲产品的定额直接人工费用＝1 830×5＝9 150(元)

甲产品的实际直接人工费用＝1 800×5.2＝9 360(元)

甲产品直接人工费用脱离定额的差异＝9 360－9 150＝210(元)

3. 制造费用定额差异的核算

制造费用属于间接费用，需要等到月末才能将其汇总和分配，计算出各产品实际发生的制造费用，再与制造费用定额进行比较计算出制造费用差异，平时按成本核算对象和成本核算单位进行归集即可。

制造费用定额差异的计算公式如下：

计划每小时制造费用＝某车间计划制造费用总额÷该车间计划产量的定额生产工时总额

实际每小时制造费用＝某车间实际制造费用总额÷该车间各种产品实际生产工时总额

某产品定额制造费用＝该产品实际完成的定额工时×计划每小时制造费用

某产品实际制造费用＝该产品实际生产工时×实际每小时制造费用

该产品制造费用脱离定额差异＝该产品实际制造费用－该产品定额制造费用

[同步案例7-7] 承[同步案例7-6]。A公司B车间6月份计划制造费用总额为20 650元，计划产量的定额生产工时总数为2 950小时；实际生产工时总数为2 090小时，实际发生制造费用为14 525.5元；6月甲产品的定额生产工时为1 830小时，实际生产工时为1 800小时。

甲产品定额制造费用和制造费用脱离定额差异的计算如下：

计划每小时制造费用＝20 650÷2 950＝7(元)

实际每小时制造费用＝14 525.5÷2 090＝6.95(元)

甲产品实际制造费用＝1 800×6.95＝12 510(元)

甲产品定额制造费用＝1 830×7＝12 810(元)

甲产品制造费用脱离定额差异＝12 510－12 810＝－300(元)

由于在产品定额成本中一般不包括废品损失，因此，计入产品的废品损失通常作为定额差异处理。

在将产品各成本项目的生产费用分别计算出符合定额费用的部分和定额差异后的部分以后，就可以用以下公式计算产品实际成本：

产品实际成本＝产品定额成本±定额差异

完工产品、在产品和半成品应当负担成本定额差异，通过计算成本差异分配率，分别计算完工产品、在产品和半成品的差异，完工程度可以按照约当产量法进行确定，原材料可以在生产时按一次性投入，也可以按BOM清单(物料清单)上注明的材料定额进行确认，前者核算比较简便。如果在产品每期数量比较稳定，也可采用在产品成本定额计价，忽略其负担的成本定额差异，当期差异全部由完工产品负担。

(三)直接材料成本差异的分配

这里的直接材料成本差异指的是材料用量差异,是一种量差,是由直接材料量差与原材料计划价格计算而来的。具体地说,是以产品材料实际消耗量与定额消耗量的差额和计划价格相乘计算得出的,反映直接材料在耗用上的差异。直接材料价格差异是在采购环节产生的,核算方法见《中级财务会计》教材有关存货核算章节。计划单价与实际单价之间产生的差异,在"材料成本差异"科目中核算,按计划单价计算出分配率后,在领用时分配材料成本差异(价格差异),再接着分配完工入库所应负担的材料成本差异,完工入库后可按定额成本入库并附带成本差异科目,按实际成本入库。

产品应分配的直接材料成本差异的计算公式如下:

某产品应分配的直接材料成本差异=(该产品的直接材料定额费用±直接材料脱离定额差异)×原材料成本差异分配率

[同步案例7-8] 承[同步案例7-7]。A公司甲产品6月份所耗直接材料定额费用为57 110元,定额差异为节约900元,本月该厂车间月初、月末均无余料,领用材料全部耗用。原材料的成本差异率为节约1%。

该产品应分配的材料成本差异为:

(57 110−900)×(−1%)=−562.1(元)

各种产品应分配的材料成本差异,一般均由各产品的完工产品成本负担,月末在产品不再负担。

在逐步结转分步法与定额法结合应用的情况下,半成品的日常核算应按计划成本(或定额成本)进行,并且在月末计算产品实际成本时,也应计算所耗半成品的成本差异。

产品实际成本=按现行定额计算的产品定额成本±脱离现行定额成本
±直接材料或半成品成本差异

在定额法下,为了便于考核和分析各生产步骤的产品成本,简化成本计算工作,各步骤所耗原材料和半成品的成本差异应尽量由厂部分配调整,不计入各生产步骤产品的成本。

(四)定额成本变动差异的核算

定额成本变动差异,是在每个间隔期中对消耗定额如材料定额、人工定额和费用定额进行修订时,账面存货在重新计算后产生的调整差异。当企业采用计算辅助系统软件核算时,电脑可以帮助企业在定额成本修订后自动完成差异计算并结转或分配差异额。当然这种修订是在修订当期完成,这种成本变动形成的差异,可以在当期存货中进行分配,也可以直接计入当期损益。前者按成本核算要求,与成本相关的差异全部分配在存货中;后者认为定额成本变动差异是由于修订成本定额(计划)所产生的差异,应当计入当期损益。企业可以根据自身成本管理要求进行核算。

在这里需要特别注意的是,不论本月实行的新定额较旧定额是降低还是提高,月初在产品的实际成本是不能改变的,定额变动差异只是对月初在产品定额成本的一个调整数。因此,当消耗定额或计划单价降低时,一方面应在月初在产品定额成本中扣除定额变动差异,另一方面应在计算产品实际成本时,同额加回;当消耗定额或计划单价提高时,一方面应在月初在产品定额成本中加上定额变动差异,另一方面应在计算产品实际成本时同额减去。月初在产品定额变动差异,可以根据定额变动的在产品盘存资料(或账面结存资料)和修订前后的消耗定额及计划单价计算求得。在产品结构复杂、零部件比较多的情况下,为了简化计算工作,月初在产品定额变动差异的计算也可以通过计算单位产品定额费用变动系数的方法求得。其计算公式如下:

系数=按新定额计算的单位产品费用÷按旧定额计算的单位产品费用

月初在产品定额变动差异=按旧定额计算的月初在产品费用×(1-系数)

[同步案例7-9] 承[同步案例7-8]。甲产品的一些零件从本月1日起实行新的直接材料消耗定额,单位产品旧的直接材料费用定额为14元,新的直接材料费用定额为13.3元。该产品月初在产品按旧定额计算的直接材料定额费用为12 000元。

月初在产品定额变动差异的计算结果如下:

系数=13.3÷14=0.95

月初在产品定额变动差异=12 000×(1-0.95)=600(元)

通过上述公式计算出来的系数反映的是单位产品某项费用的定额变动比率,因此,通过计算系数来求得月初在产品定额变动差异的方法,只适用于零部件成套生产或零部件成套性较大的情况,否则就可能影响计算结果的正确性。

在有月初在产品定额变动差异时,产品实际成本的计算公式应补充为:

产品实际成本=按现行定额计算的产品定额成本±脱离现行定额差异

±直接材料或半成品成本差异±月初在产品定额变动差异

定额变动差异一般应按定额比例在完工产品和月末在产品之间进行分配,但若其数额较小,或者月初在产品本月已经全部完工,那么,定额变动差异也可以全部计入完工产品成本。

在定额法下,产品实际成本的计算也应在产品成本明细账中按照成本项目分别进行。但为了适应定额法的要求,所采用的产品成本明细账以及各种费用分配表或汇总表,都应按照定额消耗量、定额费用和各种差异分设专栏或专行,以便按照前述方式,以定额成本为基础,加减各种差异计算产品实际成本。

三、定额法的特点和适用范围

简单来说,定额法克服了前述几种成本计算方法的缺陷,可以在成本核算的同时及时发现成本的异动,将成本计划、控制和核算紧密结合在一起。定额法通常在定额基础比较好的企业采用,定额资料中要有完备的产品消耗定额、费用定额和定额成本等,这些定额资料是企业降低成本的目标,在生产费用发生时,核算出其与定额成本的差异,将这些差异加减入定额成本,并进行分析和考核,进一步计算出产品成本。其主要特点包括以下方面。

(1) 根据生产要素制定每个产品的定额消耗和其他耗费的定额单价。根据定额单价计算各个产品的费用定额与单位定额成本。定额成本、定额费用和定额消耗是定额法成本核算的基础,也是成本目标降低、成本考核和成本分析的依据。

(2) 成本核算是成本控制的过程,成本控制是成本核算的最终目的。因此,需要将成本发生的定额成本和差异分别计算出来,通过及时分析和加强成本差异的控制,能够达到成本降低的目的。

(3) 月末对产成品、在产品和半成品(约当产量法)按定额成本进行计量,对计算出来的差异进行分配,其分配方法也分为几种,一是将差异在各个成本中心或环节分配,分别计算各种产品、半成品和在制品的实际成本。二是将差异在最后完工产品中进行分配,不分配半成品和在制品差异。三是将差异直接全部计入当期损益,结转入产品销售成本,这种方法比较适用于月末产品成本差异不大的情况。

定额法主要是为了加强成本管理和控制的一种辅助方法,应当结合成本核算的主要方法——简单法、分批法和分步法进行操作,基本上大多数产品,特别是标准化的产品都能够运用定额成本法进行成本核算,与产品的生产类型没有太大关系,只有企业具备良好的定额成本管理方法和制度,掌握翔实的定额成本基础资料,采购、生产和销售管理流程十分健全,同时每年定期对成本管理的定额及时修订,保持与降低各项成本消耗定额,定额法才能顺利和有效地运行。

思考:定额法在实际中的应用广泛吗?有什么要求?

◆ **知识活页**

二维码 7-2

拓展阅读:公立医院定额成本法的应用

第三节 标准成本法

标准成本法结合定额成本法的优点,克服实际成本法在计算上的缺陷,通过有效信息管理进行成本控制,计算成本差异,达到降低成本的目的,既是一种成本核算控制系统,也是一种会计信息管理系统。

一、标准成本的定义

标准成本需要集中全企业的资源,对成本核算的对象进行精确调查、全面分析和技术测算而得出。通过与实际成本或目标成本对比,减少浪费,优化生产设计,节约采购成本,形成一种合理成本。标准成本和估计成本属于预算成本范畴,在此基础上可以进一步估算或确定销售价格。标准成本可以用来体现企业的目标和预算要求,衡量产品制造过程中的工作效率,还可以用来降低存货成本和比较销货成本,达到控制成本的目的。

"标准成本"一词在实际工作中有两种含义:

一种是根据单位产品的标准消耗量和标准单价计算出来的标准成本,也可将其称之为"成本标准",表现公式如下:

$$成本标准=单位产品标准成本=单位产品标准消耗量×标准单价$$

另一种是根据实际产品产量和单位产品成本标准计算出来的标准成本总额。表现公式如下:

$$标准成本(总额)=实际产量×单位产品标准成本$$

思考:所有的制造费用项目都适合采用标准成本法吗?

◇ **知识活页**

拓展阅读:华福公司的成本考核方式

二维码 7-3

二、标准成本法的特点

标准成本法也称为标准成本制度或标准成本会计,是按照预先设定的标准成本进行核算,计算标准成本与实际成本之间的差异,分析成本差异产生的原因,进行成本控制,从而评价经营业绩的一种成本核算与控制制度。

标准成本法的内核就是计算成本差异,以成本差异来评价产品成本的形成过程和结果,借以实现对成本的控制,其主要特点包括:

(1) 根据成本预算和产品 BOM 来确定单个或组成产品的标准成本;

(2) 按标准成本进行产品成本核算,通过"生产成本""制造费用""合同履约成本""半成品""产成品"等科目,采用标准成本进行核算;

（3）通过成本差异科目"材料成本差异""制造费用差异""人工成本差异"分别进行成本差异的核算与归集，分析成本差异产生的原因，并进行成本控制与考核。

标准成本法核算的难点就是标准成本的制定，标准成本可以很好地通过差异的分析，达到成本控制的目的。标准成本法可以与品种法、分批法、分步法结合使用，还可以通过与作业成本法联合使用，达到事半功倍的效果。

三、标准成本法的种类

在理论研究和现实经营过程中，标准成本的种类主要包括三种：理想标准成本、正常标准成本和现实标准成本。

（一）理想标准成本

理想标准成本是指企业在最佳生产经营条件下，使用的最低生产成本。它是根据理论上的生产要素耗用量、最理想的生产要素价格、最高生产能力环境来制定的。由于这种标准成本不考虑客观生产情况和实际情况，要求较高，很多情况下很难实现，所以实际执行得很少。

（二）正常标准成本

它是以过去较长时期的实际数据为基础，根据平均水平下的工作效率、正常的耗用水平、正常的生产能力等制定出的标准成本。既然是根据以往数据估计出来的标准，有时会与实际水平相脱离，对于成本的控制是不利的。

（三）现实标准成本

现实标准成本，亦称可达到标准成本，是在现有生产技术条件下进行有效经营的基础上，根据下一期最可能发生的各种生产要素的耗用量、预计价格和预计的生产经营能力利用程度而制定的标准成本。这种标准成本可以包含管理层认为短期内还不能完全避免的某些本不应有的低效、失误和超量消耗。因其最切实可行，最接近实际成本，不仅可用于成本控制，也可以用于存货计价。标准成本法一般采用这种标准成本。

四、成本性态分类

标准成本按成本习性进行分类，可分为成本标准的制定、成本控制、成本差异等。成本性态是从财务管理的角度来分析成本与业务量之间的关系。在分析不同成本变动对利润变动的影响的基础上,通过正确的经营决策和严格内部成本控制,可以提高企业经营效率。

成本按其与业务量之间的依存关系,可以分为固定成本和变动成本两类。

(一) 固定成本

固定成本是指其总额在一定时期及一定产量范围内,不直接受业务量变动的影响而保持固定不变的成本。例如,固定资产折旧费用、房屋租金、行政管理人员工资、财产保险费、广告费、职工培训费、办公费、产品研究与开发费用等,均属于固定成本。其基本特征是:固定成本总额不因业务量的变动而变动,但单位固定成本(单位业务量负担的固定成本)与业务量一般呈反向变动。固定成本习性模型如图 7-2 所示。

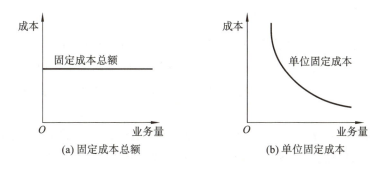

图 7-2 固定成本习性模型

固定成本按其支出额是否可以在一定期间内改变而分为约束性固定成本和酌量性固定成本。

约束性固定成本是指管理部门的短期(经营)决策行为不能改变其具体数额的固定成本,例如保险费、房屋租金、管理人员的基本工资等。这些固定成本是企业的生产能力一经形成就必然要发生的最低支出,即使生产中断也仍然要发生。由于约束性固定成本一般是由既定的生产能力所决定的,是维护企业正常生产经营必不可少的成本,所以也称为"经营能力成本",它最能反映固定成本的特性。降低约束性固定成本的基本途径,只能是合理利用企业现有的生产能力,提高生产效率,以取得更大的经济效益。

酌量性固定成本是指管理部门的短期经营决策行为能改变其数额的固定成本,例如广告费、职工培训费、新产品研究与开发费用等。这些费用发生额的大小取决于管理部门的决策行为。通常情况下,管理部门在会计年度开始前,斟酌计划期间企业的具体情况和财务负担能力,对这类固定成本项目的开支情况分别做出决策。酌量性成本并非可有可无,它关系到企业的竞争能力,因此,要想降低酌量性固定成本,只有厉行节约、精打细算,编制出切实可行的费用预算并严格执行,防止浪费和过度投资等。

(二) 变动成本

变动成本是指在特定的业务量范围内,其总额会随业务量的变动而成正比例变动的成本。如直接材料、直接人工，按销售量支付的推销员佣金、装运费、包装费，以及按产量计提的固定设备折旧等都是和单位产品的生产直接联系的，其总额会随着产量成正比例地增减。其基本特征是：变动成本总额与业务量呈正比例变动，但单位变动成本（单位业务量负担的变动成本）不变。变动成本习性模型如图7-3所示。

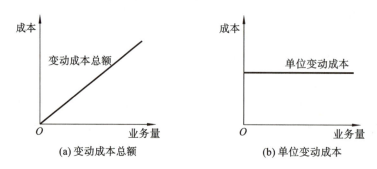

图 7-3　变动成本习性模型

变动成本也可以区分为两大类：技术变动成本和酌量性变动成本。

技术变动成本是指与产量有明确的技术或实物关系的变动成本。如生产一台汽车需要耗用一台引擎、一个底盘和若干轮胎等，这种成本只要生产就必然会发生，若不生产，其技术变动成本便为0。

酌量性变动成本是指通过管理层的决策行为可以改变的变动成本，如按销售收入的一定百分比支付的销售佣金、技术转让费等。这类成本的特点是其单位变动成本的发生额可由企业管理层决定。

（三）总成本模型

根据成本性态，成本按照一定的方法区分为固定成本和变动成本，企业的总成本公式就可以表示为：

$$总成本 = 固定成本总额 + 变动成本总额$$
$$= 固定成本总额 + 单位变动成本 \times 业务量$$

还可以表达为计算公式：$y = a + bx$。

式中，a 为固定成本部分，b 为单位变动成本，x 为业务量，y 为总成本。

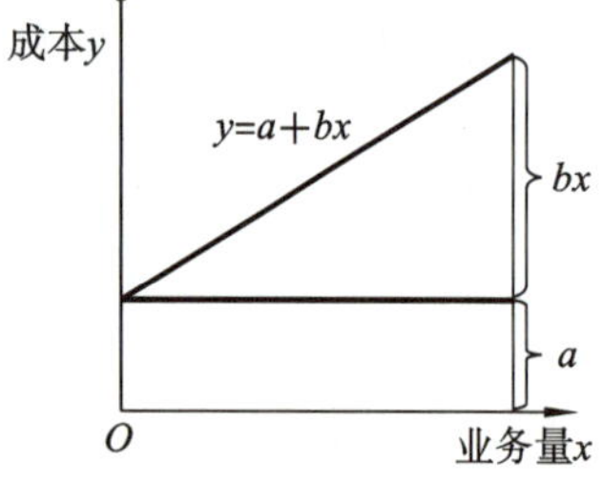

从数学的观点看，上述公式是直线方程。式中 x 是自变量；y 是因变量；a 是常数，即截距；b 是直线的斜率。显然，若能求出公式中 a 和 b 的值，就可以利用这个直线方程来进行成本预测、成本决策和其他短期决策。所以这个公式是一个非常重要的模型。总成本习性模型如图7-4所示。

图 7-4　总成本习性模型

上述公式在变动成本计算、本量利分析、正确制定经营决策和评价各部门工作业绩等方面具有不可或缺的重要作用。

五、标准成本的制定

产品成本一般由直接材料、直接人工和制造费用三个成本项目组成,因此,企业应根据这些成本项目的特点,从如下三个方面分别制定标准成本。

(1) 直接材料标准成本。结合 BOM 进行归集和汇总,计算出产成品的直接材料标准成本。制定一个成本项目的标准成本,一般需要分别确定其用量标准和价格标准,两者相乘后得出单位产品该成本项目的标准成本。用量标准包括单位产品材料消耗量等,主要由生产技术部门主持制定,同时吸收执行标准的部门及职工参加。

(2) 直接人工的标准成本。小时工资率由会计部门和其他有关部门共同研究确定,劳资部门对小时工资率负有责任。

(3) 制造费用标准。各生产车间对小时制造费用分配率承担责任。

(一) 直接材料标准成本

直接材料的标准消耗量,一般采用统计方法、工业工程法或其他技术分析方法确定。它是现有技术条件下生产单位产品所需的材料数量,包括必不可少的消耗以及各种难以避免的损失。直接材料的价格标准,是预计下一年度实际需要支付的进料单位成本,包括发票价格、运费、检验费和正常损耗等成本,是取得材料的完全成本。以甲产品为例,直接材料标准成本清单(BOM)见表 7-12。

表 7-12　甲产品直接材料标准成本清单(BOM)

产成品名称	材料名称	单位用量(件)	单价(元)	金额(元)
甲产品单位成本	A 材料	2	1.00	2.00
	B 材料	5	2.00	10.00
	C 材料	4	2.50	10.00
	D 材料	6	3.00	18.00
	合计	—	—	40.00

(二) 直接人工标准成本

直接人工的用量标准是单位产品的标准工时。确定单位产品所需的直接生产工人工时,需要按产品的加工工序分别进行,然后加以汇总。标准工时是指在现有生产技术条件下,生产单位产品所需要的时间,包括直接加工操作必不可少的时间、必要的间歇和停工(如工间休息、设备调整准备时间)、不可避免的废品耗用工时等。标准工时应以作业研究和时间研究为基础,参考有关统计资料来确定。甲产品直接人工标准成本见表 7-13。

表 7-13　甲产品直接人工标准成本

小时工资率	第一车间	第二车间
基本生产工人人数(人)	20	50
每人每月工时	204	204
出勤率	98%	98%
每人每月平均可用工时(小时)	200	200
每月总工时(小时)	4 000	10 000
每月工资总额(元)	3 600	12 600
每小时工资(元)	0.90	1.26
单位产品工时		
理想作业时间(小时)	1.5	0.8
调整设备时间(小时)	0.3	
工间休息(小时)	0.1	0.1
其他(小时)	0.1	0.1
工序标准工时合计(小时)	2.0	1.0
工序直接人工标准成本(元)	1.8	1.26
单位产品直接人工标准成本(元)	3.06	

（三）制造费用标准成本

制造费用的标准成本是按部门分别编制，然后将同一产品涉及的各部门单位制造费用标准加以汇总，得出整个产品制造费用标准成本。

按照变动成本法的原理，制造费用有变动制造费用和固定制造费用之分，因此，各部门的制造费用标准成本分为变动制造费用标准成本和固定制造费用标准成本两部分。

1. 变动制造费用标准成本

变动制造费用的用量标准通常采用单位产品直接人工工时标准，它在制定直接人工标准成本时已经确定（见表 7-14）。有的企业采用机器工时或其他用量标准。作为用量标准的计量单位，应尽可能与变动制造费用保持较好的线性相关关系。

表 7-14　甲产品变动制造费用标准成本　　　　　　　　　单位：元

部　　门	第一车间	第二车间
变动制造费用预算		
运输	8 000	21 000
电力	4 000	24 000
消耗材料	14 000	18 000

续表

部门	第一车间	第二车间
间接人工	20 000	39 000
燃料	4 000	14 000
其他	2 000	4 000
合计	52 000	120 000
生产标准(人工工时)	40 000	100 000
变动制造费用标准分配率	1.3	1.2
直接人工用量标准(人工工时)	2.0	1.0
车间变动制造费用标准成本	2.6	1.2
单位产品变动制造费用标准成本	3.8	

变动制造费用的价格标准是单位工时变动制造费用的标准分配率,它根据变动制造费用预算和直接人工总工时计算求得。

在表 7-14 中:

$$变动制造费用标准分配率=\frac{变动制造预算总数}{直接人工标准总工时}$$

确定了用量标准和价格标准之后,两者相乘即可得出变动制造费用标准成本:

变动制造费用标准成本＝单位产品直接人工标准工时×变动制造费用标准分配率

各车间变动制造费用标准成本确定之后,可汇总出单位产品的变动制造费用标准成本。

2. 固定制造费用标准成本

如果企业采用变动成本计算,固定制造费用不计入产品成本,因此单位产品的标准成本中不包括固定制造费用的标准成本。在这种情况下,不需要制定固定制造费用的标准成本,固定制造费用的控制则通过预算管理来进行。如果采用完全成本计算,固定制造费用要计入产品成本,还需要确定其标准成本。

固定制造费用的用量标准与变动制造费用的用量标准相同,包括直接人工工时、机器工时、其他用量标准等,并且两者要保持一致,以便进行差异分析。这个标准的数量在制定直接人工用量标准时已经确定(见表 7-15)。

表 7-15　甲产品固定制造费用标准成本　　　　　　　　　　单位:元

部门	第一车间	第二车间
固定制造费用		
折旧费	2 000	23 500
管理人员工资	7 000	18 000
间接人工	5 000	12 000
保险费	3 000	4 000

续表

部门	第一车间	第二车间
其他	3 000	2 500
合计	20 000	60 000
生产量标准（人工工时）	40 000	100 000
固定制造费用标准分配率	0.5	0.6
直接人工用量标准（人工工时）	2.0	1.0
车间固定制造费用标准成本	1.0	0.6
单位产品固定制造费用标准成本	1.6	

固定制造费用的价格标准是单位工时的标准分配率，它根据固定制造费用预算和直接人工标准总工时计算求得。

在表 7-15 中：

$$\text{固定制造费用标准分配率} = \frac{\text{固定制造预算总数}}{\text{直接人工标准总工时}}$$

确定了用量标准和价格标准之后，两者相乘，即可得出固定制造费用的标准成本：

固定制造费用标准成本＝单位产品直接人工标准工时×固定制造费用标准分配率

各车间固定制造费用的标准成本确定之后，可汇总出单位产品的固定制造费用标准成本。

将以上示例确定的直接材料、直接人工和制造费用的标准成本按产品加以汇总，即可确定有关产品完整的标准成本。通常，企业编制"标准成本卡"（见表 7-16），反映产成品标准成本的具体构成。在每种产品生产之前，它的标准成本卡要送达有关部门及职工（如各生产车间负责人、会计部门、仓库保管员等），作为领料、派工和支出其他费用的依据。

表 7-16 甲产品单位产品标准成本卡

成本项目	用量标准	价格标准	标准成本
直接材料			
A 材料	3.3 千克	1.07 元/千克	3.531 元
B 材料	2 千克	4.28 元/千克	8.56 元
直接材料合计			12.091 元
直接人工			
第一车间	2 小时	0.9 元/时	1.8 元
第二车间	1 小时	1.26 元/时	1.26 元
直接人工合计			3.06 元
制造费用			
变动费用（第一车间）	2 小时	1.3 元/时	2.6 元
变动费用（第二车间）	1 小时	1.2 元/时	1.2 元

续表

成本项目	用量标准	价格标准	标准成本
变动制造费用合计			3.8元
固定费用（第一车间）	2 小时	0.5元/时	1.0元
固定费用（第二车间）	1 小时	0.6元/时	0.6元
固定制造费用合计			1.6元
单位产品标准成本总计		20.551元	

六、标准成本差异计算与分析

标准成本是一种目标成本，由于各种原因，产品的实际成本与目标成本往往不一致。实际成本与标准成本之间的差额，称为标准成本差异，或简称成本差异。成本差异是反映实际成本脱离预定目标程度的信息。为控制乃至消除这种偏差，需要对产生的成本差异进行分析，找出原因和可能的对策，以便采取措施加以纠正。

（一）变动成本差异的分析

直接材料、直接人工和变动制造费用都属于变动成本，其成本差异分析的基本方法相同。由于它们实际成本的高低取决于实际用量和实际价格，标准成本的高低取决于标准用量和标准价格，所以其成本差异可以归结为价格脱离标准造成的价格差异与用量脱离标准造成的数量差异两类。计算公式列示如下：

$$\begin{aligned}
成本差异 &= 实际成本 - 标准成本 \\
&= 实际数量 \times 实际价格 - 标准数量 \times 标准价格 \\
&= 实际数量 \times 实际价格 - 实际数量 \times 标准价格 + 实际数量 \times 标准价格 \\
&\quad - 标准数量 \times 标准价格 \\
&= 实际数量 \times (实际价格 - 标准价格) + (实际数量 - 标准数量) \times 标准价格 \\
&= 价格差异 + 数量差异
\end{aligned}$$

上列有关变量之间的关系如图 7-5 所示。

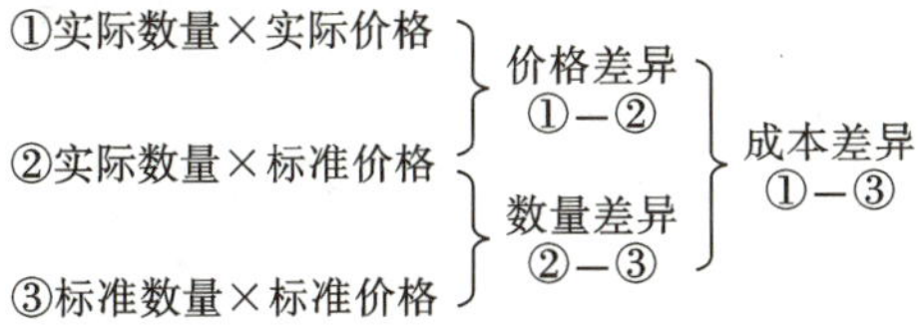

①实际数量×实际价格
②实际数量×标准价格
③标准数量×标准价格

价格差异 ①−②
数量差异 ②−③
成本差异 ①−③

图 7-5　成本差异各变量之间的关系

1. 直接材料差异分析

直接材料实际成本与标准成本之间的差额,是直接材料成本差异。一般有两个基本原因导致差异的形成:一是价格脱离标准形成的差异;二是用量脱离标准形成的差异。前者按实际用量计算,称为价格差异(价差);后者按标准价格计算,称为数量差异(量差)。价格差异与数量差异之和,等于直接材料成本的总差异。计算公式列示如下:

直接材料成本差异＝实际成本－标准成本

直接材料价格差异＝实际数量×(实际价格－标准价格)

直接材料数量差异＝(实际数量－标准数量)×标准价格

直接材料成本差异的计算结果,如是正数则是超支,属于不利差异;如是负数则是节约,属于有利差异,直接人工成本差异、变动制造费用差异与此同理。

[同步案例7-10] 某企业本月生产产品400件,使用材料2 500千克,材料单价为0.55元/千克;单位产品的直接材料标准成本为3元,即每件产品耗用6千克直接材料,每千克材料的标准价格为0.5元。按照上列公式计算差异如下:

直接材料价格差异＝2 500×(0.55－0.5)＝125(元)(不利差异)

直接材料数量差异＝(2 500－400×6)×0.5＝50(元)(不利差异)

直接材料成本差异＝实际成本－标准成本＝2 500×0.55－400×6×0.5

＝1 375－1 200＝175(元)(不利差异)

或者,　　　　直接材料成本差异＝直接材料价格差异＋直接材料数量差异

＝125＋50＝175(元)(不利差异)

直接材料的价格差异与数量差异之和,应当等于直接材料成本的总差异,并可据此验算差异分析计算的正确性。

材料价格差异是在材料采购过程中形成的,不应由耗用材料的生产部门负责,而应由材料的采购部门负责并说明原因。采购部门未能按标准价格进货的原因有许多,例如,供应厂家调整售价、本企业未批量进货、未能及时订货造成的紧急订货、采购时舍近求远使运费和途中消耗增加、使用不必要的快速运输方式、违反合同被罚款、承接紧急订货造成额外采购等。对此需要进行具体分析和调查,才能明确最终原因和责任归属。材料数量差异是在材料耗用过程中形成的,反映生产部门的成本控制业绩。材料数量差异形成的具体原因也有许多,例如,工人操作疏忽造成废品或废料增加、操作技术改进而节省材料、新工人上岗造成用料增多、机器或工具不适造成用料增加等。有时用料量增加并非生产部门的责任,可能是由于购入材料质量低劣、规格不符,用量超过标准;也可能是由于工艺变更、检验过严,数量差异加大。对此,需要进行具体的调查研究才能明确责任归属。

 2. 直接人工差异分析

直接人工成本差异,是指直接人工实际成本与标准成本之间的差额。它亦可区分为"价

差"和"量差"两部分。价差是指直接人工实际工资率脱离标准工资率,其差额按实际工时计算确定的金额,又称为直接人工工资率差异。量差是指直接人工实际工时脱离标准工时,其差额按标准工资率计算确定的金额,又称直接人工效率差异(人工效率通常直接体现为时间的节约)。计算公式列示如下:

直接人工成本差异=实际直接人工成本－标准直接人工成本

直接人工工资率差异=实际工时×(实际工资率－标准工资率)

直接人工效率差异=(实际工时－标准工时)×标准工资率

[同步案例 7-11] 某企业本月生产产品 400 件,实际使用工时 890 小时,支付工资 4 539 元;直接人工的标准成本是 10 元/件,即每件产品标准工时为 2 小时,标准工资率为 5 元/时。按上列公式计算差异如下:

直接人工工资率差异=890×(4 539÷890－5)=890×(5.1－5)=89(元)(不利差异)

直接人工效率差异=(890－400×2)×5=(890－800)×5=450(元)(不利差异)

直接人工成本差异=实际直接人工成本－标准直接人工成本
　　　　　　　　=4 539－400×10=539(元)(不利差异)

或者,　　直接人工成本差异=直接人工工资率差异＋直接人工效率差异
　　　　　　　　　　　　　=89＋450=539(元)(不利差异)

直接人工工资率差异与直接人工效率差异之和,应当等于直接人工成本总差异,并可据此验算差异分析计算的正确性。

直接人工工资率差异的形成原因,包括直接生产工人升级或降级使用、奖励制度未产生实效、工资率调整、加班或使用临时工、出勤率变化等。一般而言,这主要由人力资源部门管控,形成差异的具体原因会涉及生产部门或其他部门。

直接人工效率差异的形成原因也很多,包括工作环境不良、工人经验不足、劳动情绪不佳、上岗新工人太多、机器或工具选用不当、设备故障较多、生产计划安排不当、产量规模太小而无法发挥经济批量优势等。这主要是生产部门的责任,但也不是绝对的,例如,材料质量不高也会影响生产效率。

3. 变动制造费用差异分析

变动制造费用的差异,是指实际变动制造费用与标准变动制造费用之间的差额。它也可以分解为"价差"和"量差"两部分。价差是指变动制造费用的实际小时分配率脱离标准,按实际工时计算的金额,反映耗费水平的高低,故称为"耗费差异"。量差是指实际工时脱离标准工时,按标准的小时费用率计算确定的金额,反映工作效率变化引起的费用节约或超支,故称为"效率差异"。计算公式列示如下:

变动制造费用成本差异=实际变动制造费用－标准变动制造费用

变动制造费用耗费差异=实际工时×(变动制造费用实际分配率
　　　　　　　　　　　－变动制造费用标准分配率)

变动制造费用效率差异=(实际工时－标准工时)×变动制造费用标准分配率

[同步案例7-12] 本月实际产量400件,使用工时890小时,实际发生变动制造费用1 958元;变动制造费用标准成本为4元/件,即每件产品标准工时为2小时,标准的变动制造费用分配率为2元/时。按上述公式计算:

变动制造费用耗费差异=890×(1 958÷890－2)
=890×(2.2－2)=178(元)(不利差异)

变动制造费用效率差异=(890－400×2)×2=90×2=180(元)(不利差异)

变动制造费用成本差异=1 958－400×4=358(元)(不利差异)

或者, 变动制造费用成本差异=变动制造费用耗费差异＋变动制造费用效率差异
=178＋180=358(元)(不利差异)

变动制造费用的耗费差异,是实际支出与按实际工时和标准费率计算的预算数之间的差额。由于后者承认实际工时是在必要的前提下计算出来的弹性预算数,因此该项差异反映了耗费水平即每小时业务量支出的变动制造费用对标准的偏离。耗费差异是部门经理的责任,他们有责任将变动制造费用控制在弹性预算限额之内。

变动制造费用效率差异反映了由于实际工时脱离了标准工时,多用工时导致的费用增加,因此其形成原因与人工效率差异相似。

(二)固定制造费用差异分析

 1. 二因素分析法

二因素分析法,是将固定制造费用差异分为耗费差异和能量差异两种成本差异。

耗费差异是指固定制造费用的实际金额与固定制造费用预算金额之间的差额。固定费用与变动费用不同,不因业务量而变,故差异分析有别于变动费用。在考核时不考虑业务量的变动,以原来的预算数作为标准,实际数超过预算数即视为耗费过多。其计算公式为:

固定制造费用耗费差异=固定制造费用实际数－固定制造费用预算数

能量差异是指固定制造费用预算与固定制造费用标准成本的差额,或者说是生产能量与实际业务量的标准工时的差额用标准分配率计算的金额。它反映实际产量标准工时未能达到生产能量而造成的损失。其计算公式如下:

固定制造费用能量差异
=固定制造费用预算数－固定制造费用标准成本
=固定制造费用标准分配率×生产能量－固定制造费用标准分配率×实际产量标准工时
=(生产能量－实际产量标准工时)×固定制造费用标准分配率

[同步案例7-13] 本月实际产量400件,发生固定制造成本1 424元,实际工时为890小时;企业生产能量(标准)为500件即1 000小时;每件产品固定制造费用标准成本为3元/件,即每件产品标准工时为2小时,标准分配率为1.5元/时。

固定制造费用耗费差异=1 424－1 000×1.5=－76(元)(有利差异)

固定制造费用能量差异＝1 000×1.5－400×2×1.5＝1 500－1 200＝300(元)(不利差异)

固定制造费用成本差异＝实际固定制造费用－标准固定制造费用

＝1 424－400×3＝224(元)(不利差异)

或者， 固定制造费用成本差异＝耗费差异＋能量差异＝－76＋300

＝224(元)(不利差异)

2. 三因素分析法

三因素分析法，是将固定制造费用成本差异分为耗费差异、效率差异和闲置能量差异三部分。耗费差异的计算与二因素分析法相同。不同的是要将二因素分析法中的"能量差异"进一步分为两部分：一部分是实际工时未达到生产能量而形成的闲置能量差异；另一部分是实际工时脱离标准工时而形成的效率差异。因为固定制造费用一般与形成企业生产能力的机械设备和厂房相联系，比如一台机器，它每月设计可运行300小时，这是它的能力或能量，但实际一个月运转了200小时，那它在一个月内就闲置了100小时，这就会产生闲置能量差异。实际产量标准工时是根据实际产量和每件产品在这些机器上加工的单位标准工时计算的工时，但实际加工有实际工时，这两者之间的差异体现了效率，由此产生的差异称为效率差异。其计算公式如下：

固定制造费用闲置能量差异＝固定制造费用预算－实际工时×固定制造费用标准分配率

＝(生产能量－实际工时)×固定制造费用标准分配率

固定制造费用效率差异

＝实际工时×固定制造费用标准分配率－实际产量标准工时×固定制造费用标准分配率

＝(实际工时－实际产量标准工时)×固定制造费用标准分配率

沿用[同步案例7-13]资料计算差异如下：

固定制造费用闲置能量差异＝(1 000－890)×1.5＝110×1.5＝165(元)(不利差异)

固定制造费用效率差异＝(890－400×2)×1.5＝90×1.5＝135(元)(不利差异)

三因素分析法的闲置能量差异(165元)与效率差异(135元)之和为300元，与二因素分析法中的"能量差异"金额相同。

七、标准成本法应用

前面讲过定额成本法的原理，在讲解标准成本法时，我们应明白标准成本法与定额成本法的区别。其实定额成本法与标准成本法的功能和实施过程在很多方面是差不多的，标准成本法是从管理会计的角度，对标准成本与实际成本进行成本性态比较，计算成本差异的一种产品核算方法，也是一种加强成本核算、成本控制、成本分析和业绩评价的成本控制制度。与定额成本法相比，标准成本法也有其自身的优点。

(1) 标准成本法不计算产品的实际成本，各种成本差异需要通过不同的会计科目进行单独核算,而定额成本法最后要回归到实际成本,不需要单独进行成本差异核算,这是两者的本质区别。

(2)标准成本法对成本差异的处理相对较为简单,分为三种,一是将成本差异在各种产成品、半成品和在制品之间进行分摊。二是将成本差异在每月月末直接转入营业成本,计入当期损益,存货成本只包含标准成本。三是将每期的成本差异累计在年末进行分摊;将标准成本还原成实际成本,转入利润表的当期损益,以符合会计准则的要求。

(3)标准成本的计算依据分为实际标准成本、正常标准成本和理想标准成本,定额成本的计算依据相对比较单一,都是按现行成本进行核算。

下面我们将采用标准成本法,结合分步法讲解其账务处理。

(一)标准成本法采购环节

标准成本法在采购环节将主要产生"材料价格差异",有别于其他差异,反映在生产成本中。原材料购进入库后,我们用标准成本进行入账处理。

借:原材料(标准成本计价)
 贷:材料采购(实际成本计价)
  材料成本差异(借方超支,贷方节约)

材料成本差异通过计算成本差异率进行结转,结转入"生产成本"科目,成本差异率公式如下:

本月材料成本差异率=(月初结存材料的成本差异+本期收入材料的成本差异)
÷(月初结存材料的计划成本+本期收入材料的计划成本)×100%

(二)标准成本法生产环节

标准成本法在生产环节会产生的差异有材料用量差异、直接人工工资率差异、直接人工效率差异、变动制造费用耗费差异、变动制造费用效率差异、固定制造费用耗费差异、固定制造费用能力差异、固定制造费用效率差异。各种差异分为有利差异和不利差异,不利差异在借方反映,有利差异在贷方反映。各项成本差异通过表7-17进行汇总、分摊和结转。

表7-17 成本差异汇总分摊表   单位:元

科 目	借方金额	贷方金额	分摊项目			主营业务成本	备注
			原材料	半成品	产成品		
材料价格差异							
材料用量差异							
直接人工工资率差异							
直接人工效率差异							
变动制造费用耗费差异							

续表

科　目	借方金额	贷方金额	分摊项目			主营业务成本	备注
			原材料	半成品	产成品		
变动制造费用效率差异							
固定制造费用耗费差异							
固定制造费用能力差异							
固定制造费用效率差异							
合计							

（1）材料领用环节的成本差异分录，包括材料价格差异和材料用量差异，具体分录如下。

借：生产成本
　贷：材料价格差异（可借可贷）
　　　材料用量差异（可借可贷）
　　　原材料

（2）结转人工费用差异计入生产成本。

借：生产成本
　贷：直接人工效率差异（可借可贷）
　　　直接人工工资率差异（可借可贷）
　　　应付职工薪酬

（3）结转变动制造费用差异计入生产成本。

借：生产成本
　贷：变动制造费用效率差异（可借可贷）
　　　变动制造费用耗费差异（可借可贷）
　　　制造费用——变动制造费用

（4）结转固定制造费用差异计入生产成本。

借：生产成本
　贷：固定制造费用效率差异（可借可贷）
　　　固定制造费用耗费差异（可借可贷）
　　　制造费用——固定制造费用

（5）根据表7-17，分摊并结转成本计入相关科目。

借：产成品——（标准成本）
　　　　——（成本差异）
　　自制半成品——（标准成本）
　　　　　——（成本差异）
　　生产成本——在制品（标准成本）
　　　　——（成本差异）

贷：生产成本

(6) 结转主营业务成本，计入利润表。

借：主营业务成本

贷：产成品——（标准成本）

——（成本差异）

从分录(1)至分录(6)，所有的科目全部按标准成本与差异两条线路进行核算，所有的差异都是在月末一次性汇总和分摊，由于现在计算机和ERP信息系统比较完善，以上所有的工作可以通过计算机自动完成，包括会计分录的编制。在接下来的篇幅中，本书将用会计案例进行演示。

(1) 某公司主要生产汽车的零部件——汽车座椅，主要生产工艺分为三个步骤：生产座椅骨架，生产座椅护套，最后进行总装。其他的原材料都是外购的。生产步骤见图7-6。

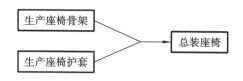

图 7-6 汽车座椅生产步骤

(2) 生产的材料清单，即标准成本清单(BOM)见表7-18。

表7-18的计算逻辑关系是：汽车座椅由三道制造工序完成，骨架生产、护套生产和总装生产，每道工序都使用各自的原材料，由各自的工作人员完成。骨架总成由A、B、C、D四种材料组成，护套总成由E、F、G、H四种材料组成，座椅总成需要消耗I和J两种原材料。每种材料的标准成本计算为F列，每个总成的标准成本分别计算为F7、F12和F15。三道工序分别由三个车间完成，三个车间分别是骨架车间B17、护套车间B18和总装车间B19，三个车间消耗的标准工时为D列，标准费率为E列，标准成本为F列。另外三个车间固定制造费用分别为F26、F27和F28。通过以上标准成本的计算，最终计算出该座椅的单位标准成本为1406.50元(F30)，依据此方法，企业采用标准成本将所有产品的标准成本全部计算出来，便于后续成本核算。需要指明的是，F7、F12和F15分别是半成品标准成本。

(3) 该公司本月生产成本明细账发生额记录如下。

本月对A、B、C、D、E、F、G、H、I、J原材料采用标准成本进行核算，各项原材料标准成本单价见表7-18。整个生产过程分为三个步骤，第一车间(骨架车间)生产汽车座椅骨架，生产的原材料为A、B、C、D，包括钢材、弹簧和泡沫等。第二车间(护套车间)生产汽车座椅外层保护套，生产的原材料为E、F、G、H，包括皮革、线、松紧带等。第三车间(总装车间)将前两个生产步骤的半成品全部安装，形成成品，需要原材料I和J，包括马钉和螺钉。

表 7-18 某汽车座椅甲产品各项原材料标准成本卡 单位：元

	A	B	C	D	E	F
1	成本项目	材料名称	单位	用量标准	价格标准	标准成本
2	直接材料					
3	1001	A材料	件	2	100.00	200.00
4	1002	B材料	件	2.5	150.00	375.00
5	1003	C材料	件	6	20.00	120.00
6	1004	D材料	件	7	40.00	280.00
7	2001	骨架总成	套	1	975.00	975.00
8	1005	E材料	件	4	20.00	80.00
9	1006	F材料	件	3	24.00	72.00
10	1007	G材料	件	5	32.00	160.00
11	1008	H材料	件	2	10.00	20.00
12	2002	护套总成	套	1	332.00	332.00
13	1009	I材料	件	10	1.00	10.00
14	1010	J材料	件	15	2.00	30.00
15	3001	座椅总成	套	1	1 347.00	1 347.00
16	直接人工			小时	元/时	金额
17	第一车间	骨架车间		2	7.00	14.00
18	第二车间	护套车间		1	7.00	7.00
19	第三车间	总装车间		0.5	7.00	3.50
20	直接人工合计					24.50
21	制造费用			小时	元/时	金额
22	变动费用(第一车间)			2	5.00	10.00
23	变动费用(第二车间)			1	5.00	5.00
24	变动费用(第三车间)			1	5.00	5.00
25	变动制造费用合计					20.00
26	固定费用(第一车间)			2	0.50	1.00
27	固定费用(第二车间)			1	0.40	0.40
28	固定费用(第三车间)			0.5	0.30	0.15
29	固定制造费用合计					1.55
30	单位产品标准成本总计				1 393.05	

由于采用标准成本进行核算，车间在领取原材料时，根据生产任务和限额领料单领料，所以原材料一次性投入，不会产生剩余原材料，几乎没有在产品，如有在产品则采用约当产量法进行核算。根据作业成本法（ABC法），使产品受益的作业所消耗的成本，将直接计入产品的成本，例如直接材料、直接人工、生产费用等，所以产品标准成本卡是根据作业成本法

的原理制定,以作业成本中心去定义每一个生产步骤,以作业成本中心和标准成本可以计算出每一个生产步骤的成本差异和总的成本差异,同时用资源动因和作业动因去归依成本,计算成本差异,成本核算变得更加简单。我们将每一个车间定义为成本中心,运用标准成本和作业成本的原理,计算出实际单位成本和总成本与标准成本的差异数据,见表7-19。

表7-19 某汽车座椅甲产品单位产品标准成本卡　　　　　　　　单位:元

成本项目	材料名称	单位	用量标准	价格标准	标准成本	实际消耗数量	实际价格	价格差异	用量差异
直接材料									
1001	A材料	件	2	100.00	200.00	2.1	95.00	-10.50	10.00
1002	B材料	件	2.5	150.00	375.00	2.6	142.50	-19.50	15.00
1003	C材料	件	6	20.00	120.00	6.1	19.00	-6.10	2.00
1004	D材料	件	7	40.00	280.00	7.1	38.00	-14.20	4.00
2001	骨架总成	套	1	975.00	975.00	1		-50.30	31.00
1005	E材料	件	4	20.00	80.00	4.1	19.00	-4.10	2.00
1006	F材料	件	3	24.00	72.00	3.1	22.80	-3.72	2.40
1007	G材料	件	5	32.00	160.00	5.1	30.40	-8.16	3.20
1008	H材料	件	2	10.00	20.00	2.1	9.50	-1.05	1.00
2002	护套总成	套	1	332.00	332.00			-17.03	8.60
1009	I材料	件	10	1.00	10.00	10.5	0.95	-0.53	0.50
1010	J材料	件	15	2.00	30.00	15.5	1.90	-1.55	1.00
3001	座椅总成	套	1	1 347.00	1 347.00			-2.08	1.50
直接人工			小时	元/时	金额	实际工时	实际工资率	效率差异	工资率差异
第一车间	骨架车间		2	7.00	14.00	1.90	6.50	-0.70	-0.95
第二车间	护套车间		1	7.00	7.00	0.95	6.50	-0.35	0.4750
第三车间	总装车间		0.5	7.00	3.50	0.4750	6.50	0.1750	0.2375
直接人工合计					24.50			1.2250	1.6625
制造费用			小时	元/时	金额	实际工时	实际分配率	耗费差异	效率差异
变动费用(第一车间)			2	5.00	10.00	1.90	5.20	0.38	-0.50
变动费用(第二车间)			1	5.00	5.00	0.95	5.20	0.19	-0.25
变动费用(第三车间)			1	5.00	5.00	0.95	5.20	0.19	-0.25
变动制造费用合计					20.00			0.76	-1.00

续表

成本项目	材料名称	单位	用量标准	价格标准	标准成本	实际消耗数量	实际价格	价格差异	用量差异
固定费用			标准工时	标准分配率	金额	实际费用	预算总额	耗费差异	能量差异
固定费用(第一车间)			2	0.5	1.00	950.00	1 000.00	−50.00	50.00
固定费用(第二车间)			1	0.4	0.40	395.00	400.00	−5.00	20.00
固定费用(第三车间)			0.5	0.3	0.15	160.00	150.00	10.00	7.50
固定制造费用合计					1.55			−45.00	77.50
单位产品标准成本总计			1 393.05						

注:本月实际生产甲产品 10 000 套,预算生产甲产品 10 050 套。

表 7-19 中左部为单位标准成本卡(表 7-18)的数据,右部为根据实际生产所消耗的直接材料、直接人工和直接费用,对照标准成本计算出的直接材料的价格差异和用量差异、直接人工差异、制造费用变动差异和固定差异。当然,所有的差异有正负之分,正差异为超支差异,负差异为节约差异。以上差异是在实际生产产量 10 000 套和预计产量 10 050 套的基础上计算出来的。

汇总计算各项目的成本差异后,将其填入表 7-17,进行成本差异分摊,结果见表 7-20。此表差异分摊是将第 1 列中所有差异分别在当期在制品、半成品、产成品和主营业务成本余额的合计数的基础上计算出分配率,然后将每个项目乘以分配率,就可以计算出每个项目应当分配的成本差异。计算公式如下:

① 各项目成本合计数 = 417 915.00 + 278 000.00 + 13 930 500.00 + 13 233 975.00
　　　　　　　　　　 = 27 860 390.00(元)

② 材料价格差异 = −694 050 ÷ 27 860 390.00 = −2.4912%(元)

材料用量差异 = 411 0.00 ÷ 27 860 390.00 = 1.4752%

直接人工工资率差异 = −12 250.00 ÷ 27 860 390.00 = −0.0440%

直接人工效率差异 = −16 625.00 ÷ 27 860 390.00 = −0.0597%

变动制造费用耗费差异 = 76 0.00 ÷ 27 860 390.00 = 0.2728%

变动制造费用效率差异 = 100 000.00 ÷ 27 860 390.00 = −0.3589%

固定制造费用耗费差异 = 45 000.00 ÷ 27 860 390.00 = −0.0162%

固定制造费用能力差异 = 77.50 ÷ 27 860 390.00 = 0.0003%

③ 用分配率计算分配差异,以材料价格差异为例计算如下,其他数据见表 7-20。

在制品分配 = −2.4912% × 417 915.00 = −10 410.98(元)

半成品分配 = −2.4912% × 278 0.00 = −6 925.46(元)

产成品分配 = −2.4912% × 13 930 500.00 = −347 032.60(元)

主营业务成本分配 = −2.4912% × 13 233 975.00 = −329 680.97(元)

表 7-20 成本差异汇总分摊表   单位:元

科　目	借方金额	贷方金额	分摊项目			主营业务成本	备注
			在制品	半成品	产成品		
期末账户余额或发生额（标准成本）			417 915.00	278 000.00	13 930 500.00	13 233 975.00	本月完工产成品1 000 套
材料价格差异		−694 050.00	−10 410.98	−6 925.46	−347 032.60	−329 680.97	
材料用量差异	411 000.00		6 165.13	4 101.09	205 504.50	195 229.27	
直接人工工资率差异		12 250.00	−183.75	−122.23	−6 125.13	−5 818.88	
直接人工效率差异		16 625.00	−249.38	−165.89	−8 312.68	−7 897.05	
变动制造费用耗费差异	76 000.00		1 140.02	758.35	38 000.83	36 100.79	
变动制造费用效率差异		100 000.00	−1 500.03	−997.83	−50 001.09	−47 501.04	
固定制造费用耗费差异		4 500.00	−67.50	−44.90	−2 250.05	−2 137.55	
固定制造费用能力差异	77.50		1.16	0.77	38.75	36.81	
合计	487 077.50	827 425.00	−5 105.32	−3 396.10	−170 177.48	−161 668.60	

所有差异需要在完工产品、半成品、在制品中进行分摊：

①领用环节材料价格差异。

借:材料价格差异　　　　　　　　　　　　　　　　　　　694 050.00
　　贷:生产成本——材料价格差异　　　　　　　　　　　　694 050.00

②材料成本价格差异分摊。

借:生产成本——材料价格差异　　　　　　　　　　　　　694 050.00
　　贷:生产成本——在制品　　　　　　　　　　　　　　　10 410.98
　　　　半成品　　　　　　　　　　　　　　　　　　　　　6 925.46
　　　　产成品——甲产品　　　　　　　　　　　　　　　347 032.60
　　　　主营业务成本　　　　　　　　　　　　　　　　　329 680.97

③生产环节成本差异分摊。

借:生产成本——在制品　　　　　　　　　　　　　　　　5 305.65

半成品		3 529.36
产成品——甲产品	344 867.49(176 855.12＋168 012.37)	

贷:生产成本——材料用量差异　　　　　　　　　　　411 000.00
　　生产成本——直接人工工资率差异　　　　　　　－12 250.00
　　生产成本——直接人工效率差异　　　　　　　　－16 625.00
　　生产成本——变动制造费用耗费差异　　　　　　 76 000.00
　　生产成本——变动制造费用效率差异　　　　　　－100 000.00
　　生产成本——固定制造费用耗费差异　　　　　　 －4 500.00
　　生产成本——固定制造费用能力差异　　　　　　　　77.50

④销售环节成本差异分摊(本期销售完工产品的9 500套,为前期生产入库产品)。

借:主营业务成本　　　　　　　　　　　　　　　　168 012.37
　贷:产成品——甲产品　　　　　　　　　　　　　168 012.37

◇ 练习与思考

一、客观题

二维码 7-4
客观题

二维码 7-5
客观题答案

二、综合题

二维码 7-6
综合题答案

1. 某企业产品种类繁多,按产品性能可将其所生产的产品分为甲、乙两大类,甲类产品可进一步分为 A、B、C 三种产品,乙类产品可进一步分为 D、E、F 三种产品,该企业定额基础较好,各月在产品数量波动不大,月末在产品按原材料成本计价(定额成本),人工和制造费用都由完工产品承担。类内根据每种产品的单位定额成本系数分配,甲类产品中 B 产品为标准产品,乙类产品中 D 产品为标准产品。6月份相关定额成本资料和实际发生的生产费用如表 7-21 和表 7-22 所示。

表 7-21　月初在产品成本及本月发生费用　　　　　　　　　　单位:元

产品类别	月初在产品直接材料定额成本	本月发生费用			
		直接材料	直接人工	制造费用	合计
甲类	500	11 300	4 200	7 000	22 500
乙类	360	16 440	5 050	4 040	25 530

表 7-22 月末定额成本、产成品数量和单位定额成本 单位:元

产品类别	数量(件)		产成品单位定额成本	月末在产品定额成本
甲类产品	A	200	24	600
	B	600	20	
	C	400	28	
乙类产品	D	600	40	640
	E	200	50	
	F	100	64	

要求:编制成本计算表,完成甲、乙各类产品成本和类内的各种产品成本计算。

2. B公司甲产品的生产成本核算采用平行结转分步法。该甲产品的生产在两个车间进行,第一车间为第二车间提供半成品,第二车间将其加工为产成品。每月末进行在产品的盘点。产成品和月末在产品之间分配费用的方法采用定额比例法:材料费用按定额材料费用比例分配,其他费用按定额工时比例分配。定额资料见表7-23,本月发生的生产费用数据已记入成本计算单。

要求:计算填列"第一车间:甲产品成本计算单","第二车间:甲产品成本计算单"和"甲产品成本汇总计算表"(见表7-24、表7-25、表7-26)。

表 7-23 定额汇总表 单位:元

生产步骤	月初在产品		本月投入		产成品					月末在产品	
	材料费用	工时(小时)	材料费用	工时(小时)	单件材料定额	单件工时定额	产量(件)	材料费总定额	工时总定额	材料费用	工时(小时)
第一车间	5 000	200	18 000	1 100	100	6	200	20 000	1 200	2 800	110
第二车间		180		920		5	200		1 000		120
合计	5 000	380	18 000	2 020	100	11		20 000	2 200	2 800	230

表 7-24 第一车间:甲产品成本计算单 单位:元

项目	产量	直接材料定额	直接材料费用	定额工时(小时)	直接人工费用	制造费用	合计
月初在产品			5 500		200	600	6 300
本月费用			19 580		4 778	7 391	31 749
合计			25 080		4 978	7 991	38 049
分配率							
产成品中本步骤份额							
月末在产品							

表 7-25　第二车间:甲产品成本计算单　　　　　　　　　　　　　单位:元

项目	产量	直接材料定额	直接材料费用	定额工时（小时）	直接人工费用	制造费用	合计
月初在产品					140	120	260
本月费用					4 228	6 488	10 716
合计					4 368	6 608	10 976
分配率							
产成品中本步骤份额							
月末在产品							

表 7-26　甲产品成本汇总计算表　　　　　　　　　　　　　单位:元

	数量	直接材料	直接人工	制造费用	合计
第一车间					
第二车间					
合计					
单位成本					

3. 甲公司下属乙部门生产 A 产品,全年生产能量为 1 200 000 机器工时,单位产品标准工时为 120 时/件。2018 年实际产量为 11 000 件,实际耗用机器工时 1 331 000 小时。

201×年标准成本资料如下:

(1) 直接材料标准消耗 10 千克/件,标准价格 22 元/千克;

(2) 变动制造费用预算额为 3 600 000 元;

(3) 固定制造费用预算额为 2 160 000 元。

2018 年完全成本法下的实际成本资料如下:

(1) 直接材料实际消耗 121 000 千克,实际价格 24 元/千克;

(2) 变动制造费用实际额为 4 126 100 元;

(3) 固定制造费用实际额为 2 528 900 元。

该部门作为成本中心,一直采用标准成本法控制和考核业绩,最近,新任部门经理提出,按完全成本法下的标准成本考核业绩不合理,建议公司调整组织结构,将销售部门和生产部门合并为事业部,采用部门可控边际贡献考核经理业绩。目前,该产品年销售 10 000 件,每件售价 1 000 元。经分析,40%的固定制造费用为部门可控成本,60%的固定制造费用为部门不可控成本。

要求:

(1) 计算 A 产品的单位标准成本和单位实际成本。

(2) 分别计算 A 产品总成本的直接材料费用的价格差异和数量差异、变动制造费用的价格差异和数量差异,用三因素分析法计算固定制造费用的耗费差异、闲置能量差异和效率差异,并指出各项差异是有利差异还是不利差异。

（3）计算乙部门实际的部门可控边际贡献。

三、思考题

1. 简述分类法的优缺点。
2. 简述定额成本法的适用范围和应用条件。
3. 简述成本定额和定额成本这两个概念的区别。
4. 试分析一下定额成本与标准成本的区别是什么？
5. 标准成本法可以帮助企业实现什么样的成本管理目的？

二维码 7-7
思考题
答题思路

◇ 本章知识链接

1. 企业产品成本会计编审委员会.企业产品成本会计核算详解与实务[M].北京:人民邮电出版社,2020.

2. 查尔斯·T·亨格瑞,斯里坎特·M·达塔尔,马达夫·V·拉詹.成本与管理会计[M].15版.王立彦,刘应文,译.北京:中国人民大学出版社,2016.

3. 中国注册会计师协会.财务成本管理[M].北京:中国财政经济出版社,2021.

4. 中国资产评估协会.资产评估相关知识[M].北京:中国财政经济出版社,2021.

5. 郑丁旺,汪泱若,张锡慧,等.成本与管理会计:成本会计分册[M].北京:中国人民大学出版社,2014.

6. 宗成典.定额成本法在公立医院成本管控中的应用[J].会计师,2017(6):71-72.

第八章　作业成本法

◇ **学习目标**

学习本章后,应当理解作业成本法生成的背景条件和形成的基本概念,掌握作业成本法的基本原理、基本程序、基本方法等,同时需要掌握作业成本法的优缺点,结合其他辅助成本方法优化成本核算。通过本章学习,应实现以下目标:

1. **知识目标**

学习作业成本法的基本原则、基本流程和基本原理,能够理解作业成本法中"作业""作业链""成本动因"等概念。了解企业作业成本管理的基本方法和作业成本计算的步骤。

2. **能力目标**

通过追踪企业有用的资源费用到作业,再通过流程、产品、分销渠道或客户等成本对象,提供全口径、多维度的更加准确的成本,助力企业更有效地开展规划、决策、控制、评价等各种管理活动。

3. **情感目标**

成本核算是制造型企业财务管理工作的核心内容,作业成本法作为传统成本方法的有效补充,有利于企业加强成本核算、控制和管理评价,促进利润最大化。

◇ **学习重难点**

作业成本法中"作业""成本动因""作业链"等相关概念的理解;作业成本法中分配率的计算;作业成本法中作业量的核算;作业成本法的成本分配与传统成本分配的区别等。

◇ **本章关键词**

传统成本法;作业成本法;分配差异

◇导入案例

作业成本法是指以作业为核心,将耗用资源成本计入企业有关作业,再根据作业成本动因,将作业成本分配给成本对象的成本计算方法。作业是指需要进行操作并因此消耗资源的流程或程序,成本动因是工作的直接原因,反映产品或其他成本对象对作业的需求。根据传统成本法与作业成本法分别计算的利润见表8-1~表8-3。

表8-1 费用汇总表   单位:元

品 种	数 量	工 资	装 卸 费	保 管 费	招 待 费	合 计
A产品	1.3	13 910	1 300	32 500	28 275	87 685
B产品	0.6	6 420	6 000	15 000	13 050	40 470
C产品	2.1	22 470	210	52 500	45 675	141 645
合计	4.0	42 800	4 000	100 000	87 000	269 800

表8-2 传统成本计算法   单位:万元

品 种	数 量	收 入	成 本	间接费用	利 润
A产品	1.3	2 456.80	2 449.18	8.77	−1.15
B产品	0.6	1 047.36	1 044.24	4.05	−0.93
C产品	2.1	3 527.47	3 520.91	14.16	−7.60
合计	4.0	7 031.63	7 014.33	26.98	−9.68

表8-3 作业成本计算法   单位:万元

品 种	数 量	收 入	成 本	间接费用	利 润
A产品	1.3	2 456.80	2 449.18	6.90	0.72
B产品	0.6	1 047.36	1 044.24	4.24	−1.12
C产品	2.1	3 527.47	3 520.91	15.83	−9.28
合计	4.0	7 031.63	7 014.33	26.98	−9.68

可见按作业成本法分配的费用与按数量分配的费用有较大的差异。我们将如何去分析哪种产品对企业利润的贡献最大?哪种产品实际上是亏损的?哪种成本核算方法最为准确和合理,最为科学?学习者学习完本章知识后方可知晓。

第一节 作业成本法的概念

一、作业成本法的产生背景及含义

随着计算机的普及、人工智能与机器取代人的自动化时代来临,企业的经营环境发生巨大变化,产品结构发生重要变化,直接人工成本比重大大下降,制造费用如折旧费用比重迅速增加,因此,制造费用的分配将影响产品成本的高低和成本控制因素的分析。

传统成本核算方法存在以下缺点。

(1) 将固定成本在不同类别的产品中进行分配。按照这种做法,随着产量的增加,产品单位成本中的固定成本减少,变动成本不变,平均成本下降。在销售数量不变的情况下,销售成本将会下降,利润会增加。这是因为存货吸收了一部分固定成本,这样会导致管理层通过增加生产数量来提高企业利润,可能造成存货积压。

(2) 会产生误导决策的成本信息。传统成本计算方法的制造费用分配基础是按直接人工进行分配,实际上许多制造费用的分配不是按产品的产量进行分配,与生产的批次和消耗的动因有关,全部按产量进行制造费用的分配,往往会造成有些产品多分配成本(产量大的),有些产品少分配成本(产量少的),分析数据不准确,会产生误导决策的成本信息,无法合理地进行成本管理和控制。

为了应对这一缺陷,作业成本法提出对间接成本和辅助费用(制造费用)进行动因分析,通过确定正确的动因,对制造费用进行分配,更准确地计算出每一种产品的实际成本。根据作业成本法的原理,企业的每一个经营活动都是相互联系的,且每一个经营活动都会消耗一定的企业资源,通过对作业动因与消耗资源关系的分析,对消耗资源的汇总就可以计算出产品的成本。计算步骤为:对发生的各项作业进行分类和归集,确定每项作业与成本对象之间的因果关系,再将作业成本分配到成本对象上去,最后进行每种产品的汇总,即得出产品的成本。

◆ **知识活页**

拓展阅读：Plastim 公司的 ABC 系统

二、与作业成本法相关的概念

（一）作业

作业是指在企业的每个业务单元（成本中心、责任中心、部门或产品线）重复执行的各类任务或活动。例如，与供应商签订订购合同、物流将材料送达仓库、对购入商品进行质量检验、办理出入库手续和进行账务处理等活动。由于每项活动都是多次重复的标准化活动，因此，在实际工作中，作业成本法与标准成本法是可以结合起来使用的，作业成本是标准化的活动，标准成本是每项成本的标准化，包括标准人工成本、标准费用成本和标准材料成本等。例如，对于生产汽车座椅的骨架作业，无论加工什么类型的座椅外套，都必须经过加工对象（骨架）的制作，包括切割下料、焊接、涂装、装配等几道作业程序。

一项作业可能是一项非常具体的活动，如加工车间的切割细分为车、铣、刨、磨等作业，可以统称为机加工作业；接着将加工好的材料进行总装，包括焊接、涂装和装配等作业，可以统称为座椅骨架总装作业。上述所有的座椅骨架作业统称为生产作业（相对于产品研发、设计、销售等作业而言）。由若干个相互关联的具体作业组成的作业集合，被称为作业中心。

所有的作业都会消耗一定的资源，资源是指作业过程中所消耗的直接人工、直接材料、制造费用（间接费用或成本）。任何一件产品的生产，都需要消耗一定的作业，作业是产品消耗资源的纽带，消耗了资源的同时即生产出产品。

（二）成本动因

成本动因是指作业成本或产品成本的驱动因素。例如，产量增加时，直接材料成本就增加，产量是直接材料成本的驱动因素，即直接材料的成本动因；检验成本随着检验次数的增加而增加，检验次数就是检验成本的驱动因素，即检验成本的成本动因。在作业成本法中，成本动因分为资源成本动因和作业成本动因两类。

1. 资源成本动因

资源成本动因是引起作业成本增加的驱动因素,用来衡量一项作业的资源消耗量。依据资源成本动因可以将资源成本分配给各有关作业。例如,产品质量检验工作(作业)需要检验人员和专用的设备,并耗用一定的能源(电力)等。检验作业作为成本对象(亦称成本库),耗用的各项资源构成了检验作业的成本。其中,检验人员的工资、专用设备的折旧费等成本,一般可以直接归属于检验作业;而能源成本往往不能直接计入,需要根据设备额定功率(或根据历史资料统计的每小时平均耗电数量)和设备开动时间来分配。这里,"设备的额定功率乘以开动时间"就是能源成本的动因。设备开动导致能源成本发生,设备的功率乘以开动时间的数值(即动因数量)越大,耗用的能源越多。按"设备的额定功率乘以开动时间"这一动因作为能源成本的分配基础,可以将检验专用设备耗用的能源成本分配到检验作业当中。

2. 作业成本动因

作业成本动因衡量一个成本对象(产品、服务或顾客)需要的作业量,是产品成本增加的驱动因素。作业成本动因计量各成本对象耗用作业的情况,并被用来作为作业成本的分配基础。例如,每批产品完工后都需进行质量检验,如果对任何产品的每一批次进行质量检验所发生的成本相同,则检验的"次数"就是检验作业的成本动因,它是引起产品检验成本增加的驱动因素。某一会计期间发生的检验作业总成本(包括检验人工成本、设备折旧、能源成本等)除以检验的次数,即为每次检验所发生的成本。某种产品应承担的检验作业成本,等于该种产品的批次乘以每次检验发生的成本。产品完成的批次越多,则需要进行检验的次数越多,应承担的检验作业成本越多;反之,则应承担的检验作业成本越少。

(三)适时制

适时制(Just In Time)是一种需求拉动的生产系统。在适时制的条件下,企业的生产是根据顾客的订单需求来进行的。在企业内部,前一生产工序按照下一步生产工序的需要量来进行安排,每一道生产工序都是依次类推,这样,在适时制生产条件下,企业从源头外部顾客、内部生产的每一道工序环节、供应商供应都需要紧密地协调配合,才能使企业在整个物流链条中实现"零库存",从而使企业的存货资金占用最小,提高资金使用效率。

(四)全面质量管理

实施适时制生产的前提条件之一是全面质量管理。全面质量管理是适时制生产系统顺利进行的必要保证,将全面质量管理贯穿于整个生产经营过程中,企业全体员工都应该参与其中的质量管理。首先,确保在整个生产过程中实现"零缺陷"。其次,保证适时制生产系统下各生产环节中的产品"零库存"。最后,在整个生产链条中一旦出现质量问题,将会引起整个生产流程的混乱。所以,要想实现适时制生产系统下的生产管理,必须进行全面质量管理,配合适时制生产系统的实现,从采购、生产、销售都实现"零缺陷"。

当企业开展适时制和全面质量管理时,需要将企业的经营管理工作分解到作业中心,将产品管理的成本核算流程转换成以作业中心为管理对象的成本核算方法,实现零库存和零缺陷。

三、作业成本法的特点

作业成本法是相较于传统成本法来进行改进的,其基本指导思想是"作业消耗资源、产品(服务或顾客)消耗作业",根据这一指导思想,作业成本法把成本计算过程划分为两个阶段。

第一阶段,将企业所有消耗的资源(包括追溯和间接)分配到作业中心,计算出每个中心的作业成本;

第二阶段,将第一阶段分配到作业中心的作业成本分配(包括追溯和动因分配)到各有关成本对象(产品或服务),见图 8-1。

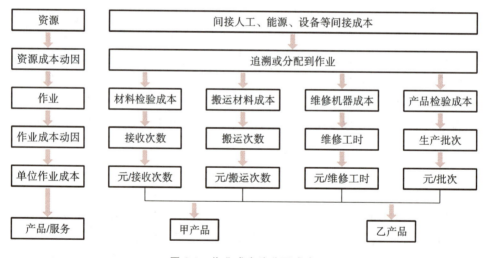

图 8-1　作业成本法分配成本

传统的成本计算方法也是分两步进行,成本中心按照各部门建立,而不按照作业动因对成本中心进行分类。

第一步,将直接成本、各种间接费用按部门归依在一起。

第二步,以产量为基础,将间接费用分配到各种产品中(见图 8-2)。

传统成本计算方法下,间接成本的分配路径是"资源→部门→产品"。作业成本法下,在成本计算的第一阶段,除了把直接成本追溯到产品以外,还要将各项间接费用分配到各有关作业,并把作业看成是按产品生产需求重新组合的"资源";在第二阶段,按照作业消耗与产

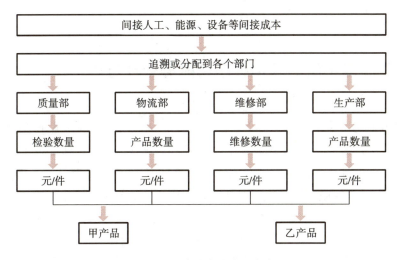

图 8-2 传统成本法分配成本

品之间不同的因果关系,将作业成本分配到产品。因此,作业成本法下间接成本的分配路径是"资源→作业→产品"。

第二节 作业成本的计算

一、作业成本法的计算方法

根据作业成本法费用的分配原理,现将作业成本法的一般程序具体说明如下:

第一,对企业在生产经营过程中的作业和资源进行详细的分类和归集,将相同的作业类型进行集中,包括不同的成本动因也要进行分类和归集,然后在分类和归集的基础上建立作业成本库。只有通过作业链的分析、资源消耗分析,才能有效地进行成本资源消耗的分析,揭示产品如何消耗资源,消耗资源如何形成产品,得出资源动因。

第二,将各类资源价值耗费按资源动因分配到各作业成本库。如果各类消耗的资源能够被产品直接吸收,这类资源的价值耗费属于专属消耗费用,可以进行直接分配;对于不能直接被产品吸收的成本,应以科学和合理的分配标准进分摊,按照资源动因进行计算分配。

第三,将产品的产出与作业量挂钩,产品消耗的作业量越多,所应负担的作业成本也就越多,在这一分配过程中,作业动因是将作业成本库归集的成本,即第二步分担的资源消耗量在产品中进行分配(二次分配),获得产品分配的资源消耗量。

第四,计算出各种产品的成本。将各种产品发生的直接成本和作业成本加以汇总,计算出各种产品的总成本和单位成本。

二、作业成本法的基本程序和账务处理过程

[同步案例8-1] 某公司在20××年1月生产出A、B两种产品,其中A产品技术工艺过程较为简单,生产批量较大;B产品技术工艺过程较为复杂,生产批量较小。根据成本管理的需要,企业决定对该车间的制造费用按作业成本法的原理进行分配和归集,在此基础上,计算A、B两种产品的成本。A、B两种产品在本月月初和月末均无在产品。本月两种产品的产量、直接人工工时以及单位产品应负担的各项直接生产成本,如表8-4所示。

表8-4 产品产量、生产工时及生产费用表　　　　　　　　　　　　　单位:元

项目	A产品	B产品
产量(件)	10 000	2 000
人工工时	4 900	1 100
单位人工成本	12	10
单位材料成本	25	25
制造费用合计	422 700	

通过对形成制造费用的资源耗费进行分析,将其归为如下几项:工资(直接人工以外的工资)、折旧、电费、办公及其他费用。形成制造费用的各项资源的金额如表8-5所示。

表8-5 资源项目及其金额表　　　　　　　　　　　　　　　　　　单位:元

项目	金额
工资	200 000
折旧	150 000
电费	35 200
办公及其他费用	37 500

经作业分析,将形成制造费用的作业划分为:订单处理、调整准备、生产协调、质量检验、存货搬运、机器运转及维护六项。将本月各项资源耗费向各项作业成本库分配的依据,即资源动因是:

(1)各项作业的人员基本固定,因此,各项作业的人工费用可以按专属费用处理。

(2)该车间发生的折旧费用,按作业所用设备的原价的比例进行分配。

(3)由于各项作业虽然单独装有电表,但其耗电量可以根据其所用设备、电器的功率及使用时间等数据计算求得,因此,电费按各项作业的耗电度数进行分配。

(4)办公及其他费用按作业人员的人数比例分配。

本月各项作业的资源动因数量如表8-6所示。

表 8-6　资源动因及其数量表　　　　　　　　　　　　　　　　　单位:元

资源类别	资源动因	资源动因数据						
		合计	订单数量	调整准备	生产协调	质量检验	存货搬运	机器运转及维护
工资	专属费用	—	—	—	—	—	—	—
折旧	设备原价	1 500 000	200 000	80 000	120 000	350 000	150 000	600 000
电费	用电度数	44 000	2 000	4 000	4 000	5 000	5 000	24 000
办公及其他费用	工人人数	50	5	8	5	12	10	10

本月甲、乙两种产品消耗的各项作业的数量如表 8-7 所示。

表 8-7　产品消耗作业数量

作业	甲产品	乙产品
订单处理(份数)	54	46
调整准备(次数)	10	10
生产协调(次数)	15	10
质量检验(次数)	20	20
存货搬运(次数)	60	40
机器运转及维护(机器工时)	2 000	500

根据表 8-5 和表 8-6 的资料可以计算编制出资源耗费分配表(见表 8-8)。

表 8-8　资源耗费分配表　　　　　　　　　　　　　　　　　　单位:元

资源类别	资源价值	资源动因	资源动因合计	分配率	作业成本					
					订单处理	调整准备	生产协调	质量检验	存货搬运	机器运转及维护
工资	200 000	专属费用	—	—	25 000	30 000	30 000	45 000	35 000	35 000
折旧	150 000	设备原价	1 500 000	0.1	20 000	8 000	12 000	35 000	15 000	60 000
电费	35 200	用电度数	44 000	0.8	1 600	3 200	3 200	4 000	4 000	19 200
办公及其他	37 500	工人人数	50	750	3 750	6 000	3 750	9 000	7 500	7 500
作业成本合计	422 700	—	—	—	50 350	47 200	48 950	93 000	61 500	121 700

根据表 8-8 所提供的各项作业成本的资料以及表 8-7 所提供的甲、乙两种产品所消耗的各项作业量的资料,可以编制出作业成本分配率计算表(见表 8-9)。

表 8-9　产品作业成本分配率计算表　　　　　　　　　　　　　　　　　单位:元

作业成本中心	作业成本	作业成本动因	作业成本 A产品	作业成本 B产品	作业成本 合计	成本费用分配
订单处理	50 350	订单份数	54	46	100	503.5
调整准备	47 200	调整准备次数	10	10	20	2 360
生产协调	48 950	协调次数	15	10	25	1 958
质量检验	93 000	检验次数	20	20	40	2 325
存货搬运	61 500	搬运次数	60	40	100	615
机器运转及维护	121 700	机器小时	2 000	500	2 500	48.68
合计	422 700	—	—	—	—	—

根据表 8-9 所提供的作业成本分配率资料和表 8-7 所提供的甲、乙两种产品所消耗的各项作业的数量资料,可以编制出产品作业成本(产品应负担的制造费用)计算表(见表 8-10)。

表 8-10　产品作业成本计算表　　　　　　　　　　　　　　　　　　　单位:元

作业成本中心	作业成本分配率	A产品 作业量	A产品 作业成本	B产品 作业量	B产品 作业成本	作业成本 (制造费用)
订单处理	503.50	54	27 189	46	23 161	50 350
调整准备	2 360	10	23 600	10	23 600	47 200
生产协调	1 958	15	29 370	10	19 580	48 950
质量检验	2 325	20	46 500	20	46 500	93 000
存货搬运	615	60	36 900	40	24 600	61 500
机器运转及维护	48.68	2 000	97 360	500	24 340	121 700
合计	—	—	260 919	—	161 781	422 700

下面根据以上有关资料,分别计算传统成本计算方法下和作业成本法下 A、B 两种产品的单位成本并加以比较。

传统方法下 A、B 两种产品的单位成本的计算:

制造费用分配率=422 700÷(4 900+1 100)=70.45

单位 A 产品应负担的制造费用=4 900×70.45÷10 000=34.52(元)

单位 B 产品应负担的制造费用=1 100×70.45÷2 000=38.75(元)

A 产品单位成本=12+25+34.52=71.52(元)

B 产品单位成本=10+25+38.75=73.75(元)

作业成本法下 A、B 两种产品的单位成本的计算:

单位 A 产品应负担的制造费用=260 919÷10 000=26.09(元)

单位 B 产品应负担的制造费用=161 781÷2 000=80.89(元)

A 产品单位成本=12+25+26.09=63.09(元)

B 产品单位成本=10+25+80.89=115.89(元)

根据以上计算结果,可编制产品单位成本比较表如表 8-11 所示。

表 8-11　单位成本比较表

产　　品	作业成本法	传统成本法	绝　对　差	相　对　差
A 产品	63.09	71.52	8.43	13.36%
B 产品	115.89	73.75	−42.14	−36.36%

通过以上对比,可以清楚发现,作业成本法计算的成本与传统成本法计算的成本,批量小、技术复杂的 B 产品成本明显被低估了。而批量大、技术简单的 A 产品的成本,在很大程度上又被高估了。这也是传统成本计算方法的缺点,事实上,全部产品的成本消耗量是一定的,如果采用作业成本法就能更好地反映产品的实际成本,而传统成本法没有很准确地反映产品的实际成本。随着现代企业的发展,产品中所占的材料成本比重越来越少,制造费用特别是辅助费用发生越来越多,就需要利用更科学的成本分配方法进行成本的计算和分析,下面就 A 产品和 B 产品在不同的成本计算法下的应用进行比较。

相对于作业成本法(以作业成本法的计算结果为基准),传统成本计算方法得到的相对差为:

A 产品:$(34.52-26.09) \div 26.09 \times 100\% = 32.31\%$

B 产品:$(38.75-80.89) \div 80.89 \times 100\% = -52.10\%$

从计算结果分析,仅以制造费用分配的结果为例,传统成本计算法的计算结果使得成本计算结果不真实,比较结果说明传统成本的计算结果不能反映成本的真实结果,不具有相关性与决策性。两种方法计算结果的差异,是由不同的成本分配方法造成的,制造费用按工时消耗与按作业消耗分配,将得出不同的分配结果,作业成本法因其按作业来进行分配,更加准确和科学,使成本计算的准确性大大提高。

下面以上述举例的成本计算过程和所提供资料为依据,说明作业成本法下成本计算的账务处理过程。作业成本法的账务处理应该反映作业成本计算过程各个环节所发生的各项经济业务。为了便于理解,可以把作业成本计算的账务处理过程分为以下几个方面:

①直接与产品建立联系的生产费用的账务处理;

②各类资源耗费计入作业成本库的账务处理;

③将作业成本库归集的费用计入产品成本的账务处理;

④结转产品成本的账务处理。

下面以[同步案例 8-1]的有关资料为例说明作业成本法的主要账务处理程序。

1) 直接与产品建立联系的生产费用的账务处理

由于本月 A、B 两种产品期初、期末均无在产品,因此根据表 8-4 所提供的资料可以计算出以下数据:

A 产品:

　　直接人工费用:$10\ 000 \times 12 = 120\ 000$(元)

　　直接材料费用:$10\ 000 \times 25 = 250\ 000$(元)

B 产品:

直接人工费用:2 000×10＝20 000(元)

直接材料费用:2 000×25＝50 000(元)

根据以上计算结果可以编制以下会计分录:

(1) 借:生产成本——A　　　　　　　　　　　　　　　　　　　　　120 000

　　　　　　——B　　　　　　　　　　　　　　　　　　　　　　 20 000

　　　贷:应付职工薪酬　　　　　　　　　　　　　　　　　　　　　140 000

(2) 借:生产成本——A　　　　　　　　　　　　　　　　　　　　　250 000

　　　　　　——B　　　　　　　　　　　　　　　　　　　　　　 50 000

　　　贷:原材料　　　　　　　　　　　　　　　　　　　　　　　 300 000

2) 各类资源耗费分配计入作业成本库的账务处理

根据表8-8的资料可以编制以下会计分录:

(1) 职工薪酬费用的分配。

　　借:制造费用——订单处理　　　　　　　　　　　　　　　　　 25 000

　　　　　　——调整准备　　　　　　　　　　　　　　　　　　 30 000

　　　　　　——生产协调　　　　　　　　　　　　　　　　　　 30 000

　　　　　　——质量检验　　　　　　　　　　　　　　　　　　 45 000

　　　　　　——存货搬运　　　　　　　　　　　　　　　　　　 35 000

　　　　　　——机器运转及维护　　　　　　　　　　　　　　　 35 000

　　　贷:应付职工薪酬　　　　　　　　　　　　　　　　　　　　 200 000

(2) 折旧费用的分配。

　　借:制造费用——订单处理　　　　　　　　　　　　　　　　　 20 000

　　　　　　——调整准备　　　　　　　　　　　　　　　　　　　8 000

　　　　　　——生产协调　　　　　　　　　　　　　　　　　　 12 000

　　　　　　——质量检验　　　　　　　　　　　　　　　　　　 35 000

　　　　　　——存货搬运　　　　　　　　　　　　　　　　　　 15 000

　　　　　　——机器运转及维护　　　　　　　　　　　　　　　 60 000

　　　贷:累计折旧　　　　　　　　　　　　　　　　　　　　　　 150 000

(3) 电费的分配(假设以银行存款支付)。

　　借:制造费用——订单处理　　　　　　　　　　　　　　　　　　1 600

　　　　　　——调整准备　　　　　　　　　　　　　　　　　　　3 200

　　　　　　——生产协调　　　　　　　　　　　　　　　　　　　3 200

　　　　　　——质量检验　　　　　　　　　　　　　　　　　　　4 000

　　　　　　——存货搬运　　　　　　　　　　　　　　　　　　　4 000

　　　　　　——机器运转及维护　　　　　　　　　　　　　　　 19 200

　　　贷:银行存款　　　　　　　　　　　　　　　　　　　　　　　35 200

(4) 办公及其他费用的分配(假设以银行存款支付)。

　　借:制造费用——订单处理　　　　　　　　　　　　　　　　　　3 750

	——调整准备	6 000
	——生产协调	3 750
	——质量检验	9 000
	——存货搬运	7 500
	——机器运转及维护	7 500
贷:银行存款		37 500

3) 将作业成本库归集的费用分配计入产品成本的账务处理

根据表 8-10 的资料可以编制以下会计分录:

(1) 将订单处理费用计入产品成本。

  借:生产成本——A(订单处理) 27 189
     ——B(订单处理) 23 161
   贷:制造费用——订单处理 50 350

(2) 将调整准备费用计入产品成本。

  借:生产成本——A(调整准备) 23 600
     ——B(调整准备) 23 600
   贷:制造费用——调整准备 47 200

(3) 将生产协调费用计入产品成本。

  借:生产成本——A(生产协调) 29 370
     ——B(生产协调) 19 580
   贷:制造费用——生产协调 48 950

(4) 将质量检验费用计入产品成本。

  借:生产成本——A(质量检验) 46 500
     ——B(质量检验) 46 500
   贷:制造费用——质量检验 93 000

(5) 将存货搬运费用计入产品成本。

  借:生产成本——A(存货搬运) 36 900
     ——B(存货搬运) 24 600
   贷:制造费用——存货搬运 61 500

(6) 将机器运转及维护费用计入产品成本。

  借:生产成本——A(机器运转及维护) 97 360
     ——B(机器运转及维护) 24 340
   贷:制造费用——机器运转及维护 121 700

4) 结转产品成本的账务处理

A 产品的总成本:

  直接材料费用 250 000 元

  直接人工费用 120 000 元

  制造费用 260 919 元

合计　630 919 元
B 产品的总成本：
   直接材料费用　50 000 元
   直接人工费用　20 000 元
   制造费用　161 781 元
   合计　231 781 元
   借：库存商品——A　　　　　　　　　　　　　　　　　　　　　630 919
                 ——B　　　　　　　　　　　　　　　　　　　　　231 781
      贷：生产成本——A　　　　　　　　　　　　　　　　　　　　　630 919
                 ——B　　　　　　　　　　　　　　　　　　　　　231 781

三、作业成本法的优点、局限性与适用条件

（一）作业成本法的优点

 1. 成本计算更准确

作业成本法的优点在于它能减少传统成本方法对成本信息的扭曲，保证成本信息的有用性、相关性和决策性。首先，作业成本法扩大了成本分配方法，追溯个别产品成本比例，减少了成本分配的不准确性。其次，采用多种成本动因作为间接成本的分配基础，增加了成本分配与成本对象的相关性。准确的成本信息提高了成本质量的决策利用价值，有助于管理层做出定价、扩大生产规模、放弃产品线等经营决策。

 2. 成本控制与成本管理更有效

作业成本法要求企业相关人员分析产品作业过程的途径、方法、动因，熟悉成本动因的消耗，关注每个动因的发生和资源的消耗，而不是只注重产品的生产数量。成本的构成不仅仅包括直接人工、直接材料，还有间接人工、辅助费用等间接费用。从成本动因上改进成本控制，包括改进产品设计和生产流程等，可以消除非增值作业，提高增值作业的效率，有助于持续降低成本和不断消除浪费。

3. 为战略管理提供信息支持

企业战略管理离不开大数据的支持。全价值链包括企业采购、生产和销售环节的资源

消耗和成本控制。成本标准与企业绩效是评价企业价值的重要方面,企业的战略需要以增加客户价值、减少成本费用为最终目标。产品的价值是由一系列作业创造出来的,企业的价值链就是企业的作业链。两者的定义相对吻合。公司战略管理中的成本领先战略是企业发展战略之一,在资源有限的条件下,需要利用低成本完成产品的资源消耗,这是所有企业需要考虑的问题。作业管理包括成本动因分析、作业分析和绩效衡量等,其主要数据来源于作业成本计算。

(二)作业成本法的局限性

1. 开发和维护费用较高

作业成本法相较于传统成本法对成本动因的分类更加详细与科学,因此,在进行作业成本时,需要投入大量的人力、物力和财力对成本动因进行细分、归集、计算、分析,虽然计算的工作可以依靠计算机来完成,但成本动因的分类需要依靠人去完成,成本中心的设置和运行也需要人去开发和维护。如果企业生产的产品同质化程度很高,工艺简单,企图通过作业成本数据的使用改善决策和作业管理,提高公司的竞争力,则很可能事与愿违。

2. 不符合对外财务报告的需要

作业成本法的管理是一系列管理报表的集合,报表中包括制造成本和非制造成本,与传统会计准则要求的报表存在一定的差异。因此,在进行作业成本法管理时,需要对成本数据进行调整,这种调整需要对基础的会计核算体系进行重新设置,工作量大,技术难度高,出现错误不能及时纠正。

3. 确定成本动因比较困难

成本动因的确定和分类没有一个统一的标准,因为在间接成本较少的情况下,或间接成本与成本动因的相关性模糊时,难以找到驱动因素,或取得驱动因素数据的成本很高,人为判断容易出现误差,会对成本费用分摊的准确性带来很大的影响。

4. 不利于通过组织控制进行管理控制

完全成本法与作业成本法对成本项目的分类存在差异。这是因为作业成本法的成本库与企业组织结构的成本中心(按部门设置)不一致。因此,实施责任会计、业绩评价与管理控制会造成信息管理的差异,实际操作人员更倾向于管理控制信息的系统性,而作业成本需要对管理信息进行重新设置,削弱了会计信息与管理信息的一致性。

（三）作业成本法的适用条件

不是所有的企业都适合使用作业成本法进行成本管理，作业成本法也有其适用条件。

（1）从成本结构看，直接人工和直接材料占比较小，公司的制造费用在产品成本中占有较大比重。如果按部门进行间接费用的分配，将导致成本费用分配不准确，成本信息的扭曲会比较严重。

（2）从产品品种看，公司生产的产品品种多样，包括产品产量的多样性、规模的多样性、产品制造或服务复杂程度的多样性、原材料的多样性和产品组装的多样性。

（3）从外部环境看，公司面临众多同类相似产品的竞争。传统的成本计算方法已经无法揭示产品的真实状况。当竞争加剧、需要生产更多不同产品时，传统成本计算方法也不能满足成本计算需要，其缺点就更突显出来，作业成本法的优点就可以派上用场，纠正传统成本计算方法的失误，增加决策的有用性。

（4）从公司规模看，大公司更加倾向于使用作业成本法进行计算，这类企业不仅有资金和人力去使用作业成本法，而且大公司拥有更为强大的信息沟通渠道和完善的信息管理基础设施，去实施作业成本法的管理，他们对信息的需求更为强烈。小公司对作业成本法的使用积极性相对不高。

总之，企业信息自动化程度较高，直接成本费用较少，间接费用比重较大，作业流程清晰，业务数据完整与共享渠道畅通，信息化数据分类科学，传统成本法对数据扭曲较大，适宜采用作业成本法。企业可以根据自身经营管理的特点和条件，利用现代信息技术，采用作业成本法对不能直接归属于成本核算对象的成本进行归集和分配，对产品的盈利能力、客户的获利能力、企业经营中的增值作业和非增值作业等进行分析，发挥更强大的管理作用。

◇ 练习与思考

一、客观题

二维码 8-2
客观题

二维码 8-3
客观题答案

二、综合题

甲公司是一家制造业企业，生产 A、B 两种产品。生产车间有两台设备，其中，一台属于高端智能制造设备，另一台属于手工加工设备。A、B 产品均需先后经过智能制造和手工加工两道作业工序方可完成。A 产品主要由智能制造设备完成，B 产品主要由手工加工设备完成。直接材料均在开工时一次性

二维码 8-4
综合题答案

投入。公司现采用传统成本计算法计算成本,直接材料、直接人工直接计入产品成本,制造费用先按车间归集,再按直接人工工资比例分配计入产品成本。20××年9月生产成本相关资料如下。

(1) A、B产品本月生产量如表8-12所示。

表8-12　A、B产品本月生产量　　　　　　　　　　　　　　　　　单位:件

项　目	月初在产品	本月投产	本月完工	月末在产品
A产品	0	120	80	40
B产品	0	100	50	50

(2) 传统成本计算法下A、B产品成本计算单如表8-13、8-14所示。

表8-13　A产品成本计算单

20××年9月　　　　　　　　　　　　　　　　　　　　　　　　　单位:元

项　目	直接材料	直接人工	制造费用	合　计
月初在产品成本				
本月生产费用	15 000	12 500	62 500	90 000
合计	15 000	12 500	62 500	90 000
完工产品成本(80件)	10 000	10 000	50 000	70 000
单位成本	125	125	625	875
月末在产品成本(40件)	5 000	2 500	12 500	20 000

表8-14　B产品成本计算单

20××年9月　　　　　　　　　　　　　　　　　　　　　　　　　单位:元

项　目	直接材料	直接人工	制造费用	合　计
月初在产品成本				
本月生产费用	40 000	45 000	225 000	310 000
合计	40 000	45 000	225 000	310 000
完工产品成本(80件)	20 000	30 000	150 000	200 000
单位成本	400	600	3 000	4 000
月末在产品成本(40件)	20 000	15 000	75 000	110 000

(3) A、B产品毛利如表8-15所示。

表8-15　A、B产品毛利　　　　　　　　　　　　　　　　　　　　单位:元

项　目	单位成本	单位售价	单位毛利
A产品	875	1 000	125
B产品	4 000	3 600	−400

目前,A产品供不应求,B产品滞销。公司销售经理建议A提价,B降价,以提高公司获利能力。生产经理认为制造费用大部分由智能制造设备引起,按直接人工工资比例分配导

致 A、B 产品成本计算不准确,应采用作业成本法对制造费用分配进行优化,从而为调价提供可靠的成本数据。公司财务部门和生产技术部门对生产过程进行了分析,识别出三项作业,分别是设备检修作业、智能制造作业和手工加工作业。设备检修作业负责对智能制造设备、手工加工设备进行检修,作业动因是检修次数;智能制造作业的作业动因是机器工时;手工加工作业的作业动因是人工工时。直接人工成本不再单列成本项目,被归入相应作业库。相关资料如下。

(1) 月末在产品。

A 在产品 40 件,全部处于智能制造阶段,尚未进入手工加工阶段,平均完成智能制造作业的 50%;B 在产品 50 件,智能制造作业全部完成,手工加工作业平均完成 60%。

(2) 作业成本如表 8-16 所示。

表 8-16 作业成本

作业成本库	作业成本(元)	作业动因	作业量		
			智能制造作业	手工加工作业	合计
机器检修作业	72 000	检修次数(次)	5	1	6
			A 产品	B 产品	合计
智能制造作业	53 000	机器工时(小时)	350	150	500
手工加工作业	220 000	人工工时(小时)	20	230	250
合计	345 000				

要求:

(1) 编制作业成本分配表,如表 8-17 所示(结果填入下方表格中,不用列出计算过程)。

表 8-17 作业成本分配表   单位:元

作业名称	分配率	作业成本	
		智能制造作业	手工加工作业
设备检修作用			
—	—	A 产品	B 产品
智能制造作业			
手工加工作业			

(2) 编制产品成本计算单,如表 8-18、8-19 所示(结果填入下方表格中,不用列出计算过程)。

表 8-18 A 产品成本计算单

20××年 9 月   单位:元

项 目	直接材料	作业成本		合 计
		智能制造作业	手工加工作业	
月初在产品成本				
本月生产费用				

续表

项 目	直接材料	作业成本		合 计
		智能制造作业	手工加工作业	
合计				
完工产品成本				
单位成本				
月末在产品成本				

表 8-19　B 产品成本计算单

20××年 9 月　　　　　　　　　　　　　　　　　　　　　单位:元

项 目	直接材料	作业成本		合 计
		智能制造作业	手工加工作业	
月初在产品成本				
本月生产费用				
合计				
完工产品成本				
单位成本				
月末在产品成本				

(3) 根据作业成本法计算的单位产品成本,判断 A、B 产品目前定价是否合理,并简要说明理由。

三、思考题

1. 传统成本法与作业成本法在产品成本分配方面不同的原因是什么?
2. 作业成本法只适用于制造业公司吗? 请简述你的观点,并说明理由。

二维码 8-5
思考题
答题思路

◇ **本章知识链接**

1. 企业产品成本会计编审委员会.企业产品成本会计核算详解与实务[M].北京:人民邮电出版社,2020.
2. 查尔斯·T·亨格瑞,斯里坎特·M·达塔尔,马达夫·V·拉詹.成本与管理会计[M].15 版.王立彦,刘应文,译.北京:中国人民大学出版社,2016.
3. 中国注册会计师协会.财务成本管理[M].北京:中国财政经济出版社,2021.
4. 中国资产评估协会.资产评估相关知识[M].北京:中国财政经济出版社,2021.
5. 斯坎特·达塔,马达夫·拉詹.管理会计——决策制定与业绩激励[M].王立彦,谌嘉席,郭放,译.北京:中国人民大学出版社,2015.

第九章　成本报表与成本分析

◇ 学习目标

通过本章学习,应实现以下目标。

1. 知识目标

了解成本报表的概念及种类;了解商品产品成本报表、主要产品单位成本报表和其他费用报表的内容;理解成本分析的基本方法和程序;掌握全部产品成本计划完成情况的分析;掌握可比产品成本降低及完成情况的分析;掌握产品单位成本分析的内容和方法;了解作业成本分析方法。

2. 能力目标

知道成本报表对于满足各方成本信息需求的作用;了解成本报表的使用范围;会运用成本分析方法服务于企业日常管理、经营决策及绩效评价。

3. 情感目标

培养学生管理会计视角的社会责任感。

◇ 学习重难点

1. 商品产品成本报表和主要产品单位成本报表。
2. 全部产品成本计划完成情况的分析。
3. 主要产品单位成本分析。

◇ 本章关键词

可比产品;差额分析法;因素分析法

◇ **导入案例**

> 某公司财务总监月末询问会计小王成本报表的编制情况时得知,小王并未编制成本报表。小王说,在企业会计准则中并未对企业编制各项成本信息报表做出具体规范要求,因此他认为只需要编制准则要求的各类财务报表,不需要汇总编制成本方面的报表。你认为小王说得对吗?倘若企业期望降低成本,你作为财务人员能给出哪些可行的分析途径呢?假设你作为企业的管理人员,成本信息对你的管理决策有哪些作用呢?

第一节 成本报表

成本报表是按照企业的成本管理及综合管理需求,以日常产品成本和期间费用的核算资料为依据编制,用来反映和监督企业一定时期内产品成本、期间费用及构成情况的报告文件。成本报表是进行成本分析的基础资料,不同的成本报表披露的信息根据使用者需求的不同而有所不同,因此成本分析的内容和方法也不同。本章以成本报表为基础,介绍成本分析的基本原理。

一、成本报表的作用

成本报表是成本核算的最终成果,是对日常成本核算工作的系统总结。根据我国现行会计制度的规定,成本报表不属于对外报送的报表。成本报表主要是为企业内部管理者提供成本、费用信息,为分析成本的构成及水平、考核工作业绩、进行生产经营决策等提供依据,是一种内部报表。成本报表的作用主要体现在以下几个方面。

(1)有助于提高企业成本管理的质量。从成本报表中,可以探究引起产品成本费用项目变动的主要因素,从技术指标、生产安排及组织管理等多维度寻求有效控制产品成本及费用的可能途径,从而提高企业的资源利用效率。

(2)有助于提升管理层决策的有效性、及时性。从成本报表中获取的产品成本及费用数据,是编制成本计划的基础,也是企业进行成本预测、产品定价、利润预测、投资决策及战略调整等的重要依据。

（3）有助于对企业的成本管理效果进行评价及反馈。对成本报表整体的分析结果有助于评价企业的资源利用情况，从成本管理视角评价管理层的受托责任履行情况，并评价企业的成本管理绩效。

成本报表的内容、种类、格式和编制方法等均由企业根据其内部管理的需要确定，具有很大的灵活性。但是，为了给企业对外报送的报表提供存货计价和损益计算的依据，定期反映企业的成本费用水平，企业一般会按照财务报表的报告期编制主要的成本报表，而一些专为企业内部管理提供的成本报表，则根据需要按旬、周，或者不定期编制，及时为企业内部管理提供信息。

二、成本报表的种类

企业定期编制的成本报表主要包括商品产品成本报表和各种费用支出报表。按照成本报表反映的内容可以分为以下几种。

（一）商品产品成本报表

主要反映企业在一定时期内为生产一定种类和数量的产品所花费的成本水平及其构成情况，并与计划成本、上年实际成本、历史最高水平或同行业同类产品先进水平相比较，反映成本的变动情况和变动趋势。这类报表包括全部商品产品成本表和主要产品单位成本表。

（二）费用支出报表

主要反映企业在一定时期内各种费用总额及其构成情况，并与费用预算、上年实际费用支出对比，反映各项费用支出的变动情况和变动趋势。这类报表包括制造费用明细表和各项期间费用明细表。

（三）专项成本报表

企业除了编制以上两种主要成本报表之外，有时还会出于特殊管理目标编制专项成本报表，例如为提高产品质量管理效果编制的质量成本报表，为了促进环境成本管理编制的环境成本报表等。

◇ **知识活页**

拓展阅读：其他种类的成本报表

三、成本报表的编制要求

为了提高成本信息的质量，充分发挥成本报表的作用，成本报表的编制必须符合下列基本要求。

（一）真实性

成本报表里的各项成本、费用数据必须真实可靠，如实反映企业实际发生的成本费用。成本报表中的各项实际数值绝大部分来自当期的成本账簿记录，为保证指标的真实可靠，在编表前首先应将报告期内所有的经济业务全部入账，并按有关规定做好凭证和账簿的审核工作。要根据实际的成本计算资料和有关的计划资料编制报表，不能随意调整成本数字和以估计数字代替实际数字，更不允许弄虚作假，为赶编报表而提前结账。

（二）重要性

对于重要的项目，在成本报表中应单独列示；次要的项目则可以合并反映。这样，使成本报表使用者能充分、有效地利用成本报表，提高成本报表的利用效率。

（三）正确性

成本报表的指标数字要计算正确。各种报表之间、主表与附表之间、各项目之间，凡是有钩稽关系的数字，应相互一致，本期报表与上期报表之间有关数字应相互衔接。

（四）完整性

成本报表的种类以及项目应该齐全，应填列的指标和文字说明必须全面，对定期报送的主要成本报表，还应分析说明生产成本及费用升降的原因，以满足企业内部管理的需要，充分发挥报表的作用。

（五）及时性

应按规定时间及时地报送报表。时效性是信息质量特征的一个重要方面，只有及时的信息才会有用，因此成本管理人员应及时地为企业管理者提供有效的成本信息，为企业生产经营决策服务。

四、商品产品成本报表的编制

商品产品成本报表是反映企业在报告期内所生产的全部商品产品的总成本和各种主要产品的单位成本及总成本的报表，包括全部商品产品成本表和主要产品单位成本表。

（一）全部商品产品成本表的编制

全部商品产品成本表反映企业在报告期内所生产的全部商品产品的总成本。企业编制全部商品产品成本表，是为了汇总反映一定时期所生产的全部商品产品的总成本，考核企业全部商品产品成本计划的执行结果和可比产品成本降低计划的完成情况。全部商品产品成本表分为基本报表和补充资料两部分，具体表格样式如表 9-1 所示。

表 9-1 全部商品产品成本表

编制单位：Z公司　　　　　　　　　20××年12月　　　　　　　　　　　　单位：元

产品名称	计量单位	实际产量		单位成本				本月总成本			本年累计总成本		
		本月	本年累计	上年实际平均	本年计划	本月实际	本年累计实际平均	按上年实际平均单位成本计算	按本年计划单位成本计算	本月实际	按上年实际平均单位成本计算	按本年计划单位成本计算	本年实际
		①	②	③	④	⑤	⑥=⑫÷②	⑦=①×③	⑧=①×④	⑨	⑩=②×③	⑪=②×④	⑫
甲产品	件	50	300	82	80	81	82	4 100	4 000	4 050	24 600	24 000	24 600
乙产品	件	120	500	65	64	63	63	7 800	7 680	7 560	32 500	32 000	31 500
可比产品合计								11 900	11 680	11 610	57 100	56 000	56 100
丙产品	件	80	200	—	50	51	51	—	4 000	4 080	—	10 000	10 200
丁产品	件	100	600	—	60	59	59	—	6 000	5 900	—	36 000	35 400

续表

产品名称	计量单位	实际产量		单位成本				本月总成本			本年累计总成本		
		本月	本年累计	上年实际平均	本年计划	本月实际	本年累计实际平均	按上年实际平均单位成本计算	按本年计划单位成本计算	本月实际	按上年实际平均单位成本计算	按本年计划单位成本计算	本年实际
不可比产品合计									10 000	9 980		46 000	45 600
全部产品合计									21 680	21 590		102 000	101 700

补充资料：

1. 可比产品成本计划降低额 1 040 元
2. 可比产品成本计划降低率 1.92%
3. 甲产品计划产量 350 件
4. 乙产品计划产量 480 件

1. 基本报表

全部商品产品成本表的基本报表部分必须分可比产品和不可比产品两大类分别列报。可比产品是指企业过去年度曾经正式生产过，有完整的成本资料可供比较的产品；不可比产品是指企业本年度初次生产的新产品，或虽非初次生产但以前仅属试制而未正式投产的产品，缺乏可比的成本资料。在编制成本计划时，不可比产品只制定本年度计划成本指标，而可比产品则不仅有本年度计划成本指标，还有成本降低计划指标，即可比产品成本计划降低额和计划降低率指标。

全部商品产品成本表的基本报表部分包括，按可比产品和不可比产品分别反映的企业全部商品产品的实际产量、单位成本、本月总成本和本年累计总成本等四个部分。各项目中的本月数均根据本月各种产品成本明细账中的有关记录填列（如表 9-1 中的第①栏、第⑤栏和第⑨栏）；本年累计实际产量（第②栏）和本年累计实际总成本（第⑫栏）根据本月数加上上月本表的累计数计算填列，本年累计实际平均单位成本（第⑥栏）根据本年累计实际总成本除以本年累计实际产量计算填列。

为了考核全部商品产品成本计划完成情况，基本报表部分还应分别反映各种可比产品和不可比产品的计划单位成本（第④栏），及按计划单位成本计算的本月总成本（第⑧栏）和本年累计总成本（第⑪栏）。按计划单位成本计算的本月总成本和本年累计总成本分别根据本月和本年的实际产量计量。

为了考核可比产品成本降低计划的完成情况，基本报表部分还应反映全部可比产品按上年实际平均单位成本计算的总成本，其中上年实际平均单位成本反映在第③栏，按本月、本年累计实际产量和上年实际平均单位成本计算的总成本分别反映在第⑦栏和第⑩栏。不可比产品由于没有正式生产过，没有上年成本资料可供比较，因此不必填列第③、⑦、⑩栏。

2. 补充资料

全部商品产品成本表的补充资料部分主要填列可比产品成本计划降低指标和实际降低情况，或根据企业管理的需要填列相关数据。可比产品成本计划降低指标和实际降低情况的计算公式为：

$$可比产品成本计划降低额 = \sum[计划产量 \times (上年实际平均单位成本 - 本年计划单位成本)]$$

$$可比产品成本计划降低率 = \frac{可比产品成本计划降低额}{\sum(计划产量 \times 上年实际平均单位成本)}$$

$$可比产品成本实际降低额 = \sum[实际产量 \times (上年实际平均单位成本 - 本年实际单位成本)]$$

$$可比产品成本实际降低率 = \frac{可比产品成本实际降低额}{\sum(实际产量 \times 上年实际平均单位成本)}$$

（二）主要产品单位成本表的编制

主要产品单位成本表是反映企业在报告期内生产的各种主要产品单位成本的构成情况和各项主要技术经济指标执行情况的报表。该表应按每种主要产品分别编制，是对商品产品成本表所列各主要产品成本的补充说明。编制主要产品单位成本表的目的，是为了进一步分析各种主要产品单位成本计划的执行结果，分析各成本项目和各项消耗的增减变动情况及其原因。

主要产品单位成本表分为上、下两部分，具体格式如表9-2所示。

表9-2　主要产品单位成本表

编制单位：Z公司　　　　　　　　　　　　　　　　　　　　　　　　　单位：元
产品名称：甲产品　　　　　　　　　　　　　　　　　　　　　　本月实际产量：60
产品规格：HW-1　　　　　　　　　　　　　　　　　　　　　本年累计实际产量：360
计量单位：件　　　　　　　　　　　　　　　　　　　　　　　　本年计划产量：350

成本项目	历史先进水平	上年实际平均	本年计划	本月实际	本年累计实际平均
直接材料	64	64	66	65	64
直接工资	35	35	36	36	36

续表

成本项目	历史先进水平	上年实际平均	本年计划	本月实际	本年累计实际平均
制造费用	14	16	15	14	16
合计	113	115	117	115	116
主要技术经济指标	用量	用量	用量	用量	用量
1. Y材料 2. T材料 3. 生产工人工时 4. 机器工时	（略）	（略）	（略）	（略）	（略）

主要产品单位成本表的上半部分按成本项目反映各种单位成本：历史先进水平、上年实际平均、本年计划、本月实际和本年累计实际平均。下半部分是补充资料，反映单位产品的主要技术经济指标，如材料消耗、生产工时、机器工时等各种消耗情况。表中上年实际平均、本年计划、本月实际和本年累计实际平均单位成本资料应与全部商品产品中该产品相对应的产品成本资料相同。

第二节 成本分析基本原理

一、成本分析的定义

成本分析是以成本报表所提供的、反映企业一定时期成本水平及其构成情况的成本核算资料为基础，结合有关成本计划、定额和其他资料，运用科学的分析方法，通过分析各项指标的变动及其相互之间的关系，揭示企业各项成本计划指标的完成情况、成本变动情况和变动趋势，查明成本变动的原因，寻找降低成本的途径和方法，以提高经济效益的一种成本管理方法。成本分析的主要内容包括全部商品产品成本计划完成情况分析、可比产品成本降低计划完成情况分析、主要产品单位成本分析、产品成本技术经济指标分析和各种费用预算分析。

成本指标的综合性特点以及它同其他各项技术经济指标的关系，决定了企业定期进行成本分析具有重要的意义。通过成本分析，可以正确认识和掌握企业成本变动的规律性，不断挖掘企业内部潜力，降低产品成本，提高企业的经济效益；还可以对企业成本计划的执行情况进行有效的评价和控制,同时科学制订下期成本计划;也可以正确认识和评价企业的生产经营管理水平,找出企业在生产经营中存在的问题,为生产经营决策提供科学的依据。

二、成本分析的原则

成本分析是一项重要且细致的工作,为使分析结果能够反映成本管理的真实情况,为生产经营决策提供可靠的依据,提高成本管理水平,在进行成本分析时必须遵循以下原则。

(一)真实合法性原则

成本分析要如实反映企业成本计划的完成情况和成本变动的情况,为企业成本管理和其他生产经营管理活动提供准确、有用的依据。成本分析应以实际成本资料为基础,以国家相关的法律法规、政策、规定为准绳开展。成本核算依据的相关法律法规包括《中华人民共和国会计法》《企业会计准则》《企业会计制度》以及其他的成本会计制度与办法等,它们直接影响企业成本分析的结果,因此在进行成本分析时必须严格遵守这些法律法规和办法。

(二)全面分析与重点分析结合的原则

全面分析是指成本分析内容要具有全局性、广泛性,要以产品成本形成的全过程为对象,结合生产经营各阶段的不同性质和特点,运用辩证的观点与方法,将企业的经济效益与社会效益结合起来进行分析。进行全面分析的同时还应按照例外管理的原则,找出关键性问题进行详细分析,如差异较大、差异持续时间较长、影响到企业长期盈利能力的例外差异项目,必须对其进行重点分析,找出有效的解决方法,促使企业提高经济效益。

(三)定性分析与定量分析结合的原则

定性分析是通过对成本性质的分析,揭示影响成本变动的各因素的性质、内部联系及其变动趋势。定量分析是通过对成本变动数量的分析,揭示成本指标的变动幅度及各因素的影响程度。定性分析是定量分析的基础和前提,定量分析是对定性分析的补充和说明,成本分析必须在定性分析的基础上进行科学的定量分析,只有这样才能使结论更具有说服力和指导意义。

(四)纵向分析与横向分析结合的原则

纵向分析是在本企业内按时间序列进行的分析,如本期指标与上期指标、历史最好水平、有典型意义的某时期指标的比较分析等。横向分析是本企业与同行业其他企业相同指标的比较分析。通过纵向分析,可以了解到企业成本的变动趋势,加强成本管理。但作为独立的经济实体和市场竞争主体,为了增强自身的竞争能力,企业还必须搜集和掌握国内外同类企业成本的先进水平资料,广泛开展横向分析,找出自身与先进水平之间的差异,进一步挖掘企业潜力以达到或超过先进水平。

(五)经济分析与技术分析结合的原则

成本的高低既受经济因素的影响,又受技术条件的影响,在某种程度上技术条件起着关键性作用,因此成本分析不能只停留在对经济指标的分析上,还必须结合技术指标进行深入分析。成本分析人员必须具备一定的专业技术知识,同时可吸纳相关的专业技术人员参与分析,通过经济分析为技术分析提供课题,通过技术分析反过来提高经济分析的深度,从生产技术角度查明成本变动的原因,以便采取有效的技术措施来进一步降低成本,提高经济效益。

三、成本分析的基本方法

企业在进行成本分析时,应结合其生产经营特点、成本管理需要和成本费用特点,选择恰当的成本分析方法。企业常用的成本分析方法有比较分析法、比率分析法和因素分析法。

(一)比较分析法

比较分析法又叫对比分析法,是成本分析的最基本方法。比较分析法是将某项经济指标的本期实际数与基数进行对比来确定数量差异,借以了解经济活动的成绩和问题的一种成本分析方法。其目的在于通过对比,揭示客观存在的差异,发现问题,为进一步分析指明方向。

根据分析目的的不同,比较分析法用于比较的基数不同,实际工作中常用以下几种形式:

一是计划或定额指标,即计算实际与计划或定额的差异,分析企业的成本计划或定额的完成情况。

二是前期实际指标,可以是上期、上年同期、或历史上某一最好水平。这是企业成本的纵向分析,将本期指标与历史指标进行对比,观察企业成本的变动趋势,了解企业生产经营工作的改进情况。

三是国内外同类企业的先进指标。这是企业成本的横向分析,可以在更大范围内发现本企业与先进水平之间的差距,推动企业提高生产经营管理水平。

比较分析法只适用于同质指标的数量对比,比较时可以采用绝对指标,也可以采用相对指标。其计算方法如下:

$$绝对指标 = 本期实际指标 - 基期指标$$

$$相对指标 = \frac{本期实际指标 - 基期指标}{基期指标}$$

（二）比率分析法

比率分析法是利用指标的相互关系，将反映成本状况与成本水平相关的两个因素联系起来，通过计算它们的比率，反映和评价企业的成本管理水平和经济业务的相对效益的一种成本分析方法。使用比率分析法进行分析时，在计算出各种比率后，一般也应将该比率与计划、定额或上期、上年同期等指标进行比较，揭示其与基数比率指标的差异。

根据分析的不同内容和要求，比率分析法主要有以下几种。

1. 相关比率分析

相关比率是两个性质不同但有相关关系的指标对比计算的一种比率指标。实际工作中，不同规模的企业单纯对比产值、销售收入或利润等绝对数的大小，不能说明各企业经济效益的好坏，如果计算成本与产值、销售收入、利润的相对比率，即产值成本率、销售收入成本率或成本利润率等，就可以反映各企业生产耗费的经济效益的高低。

2. 构成比率分析

构成比率是指某经济指标的各个组成部分占总体的比重，如构成产品成本的各个成本项目与产品成本总额相比，可计算各成本项目的构成比率。成本项目的构成比率可用来考核产品成本构成的合理性，加强成本控制。

3. 动态比率分析

动态比率是指不同时期同类指标的数值对比计算的一种比率，可以用来分析该项指标的增减速度和发展趋势，从中发现企业在生产经营方面的成绩或不足。根据对比的标准不同，动态比率分析又分为定基比率分析和环比比率分析两种，定基比率分析是指分析期指标与以前某固定期指标对比进行的比率分析，环比比率分析是分析期指标与前一期指标对比进行的比率分析。

（三）因素分析法

因素分析法是根据分析指标与其影响因素之间的关系，按照一定的程序和方法，从数量上确定各影响因素对分析指标的差异影响程度的一种成本分析方法。运用因素分析法，首先应确定综合指标受哪些因素影响,建立各因素与该指标之间的函数关系,然后分别计算各因素对经济指标的影响程度。该方法有利于分清影响成本变动的原因和责任,使分析工作更具说服力。因素分析法根据计算程序不同又分为连环替代法和差额分析法两种。

 1. 连环替代法

连环替代法是因素分析法的基本形式,是在确定经济指标和其各种影响因素之间的函数关系后,依次用各种影响因素的实际数替换基数,计算分析各因素影响程度的一种分析方法。

下面以材料成本总额的变动分析为例,说明连环替代法的基本分析程序。影响材料成本总额的因素很多,其中主要的和直接的影响因素是产量、单位产品材料消耗量和材料单价,按照各因素的相互依存关系,可列出分析式如下:

材料成本总额=产量×单位产品材料消耗量×材料单价

[**同步案例 9-1**] 假设某公司上述指标的计划数和实际数如表 9-3 所示。

表 9-3 A 公司有关资料

指 标	计 划 数	实 际 数	差 异
产量(件)	100	110	10
单位产品材料消耗量(千克/件)	20	18	−2
材料单价(元/千克)	30	28	−2
材料成本总额(元)	60 000	55 440	−4 560

利用连环替代法分析该公司的成本计划完成情况,并分析各影响因素对成本计划完成情况的影响。

首先,利用比较分析法揭示材料成本总额的实际数与计划数的差异:

$$55\ 440-60\ 000=-4\ 560(元)$$

可见,材料成本计划完成得较好,实际成本比计划成本降低了 4 560 元。由表 9-3 可见,该公司产品产量、单位产品材料消耗量和材料单价的实际数都与计划数不同,因此实际成本的降低是这三个因素共同影响的结果。接下来,用连环替代法进一步分析各因素对成本计划完成情况的具体影响程度。

(1) 以基数为分析的基础,本例为计划数,即以计划产量、计划单位产品材料消耗量和计划材料单价为后续分析的基础。

(2) 按照分析式中所列各因素的顺序,依次以各因素的实际数替换计划数计算一个成本总额,每次替换后实际数保留下来。

(3) 将每次替换后计算的成本总额,与其相邻近的前一次计算的成本总额进行比较,两者的差额就是该因素变动对经济指标的影响程度。

(4) 计算各因素变动影响额的代数和,这个值就等于成本总额的实际数与计划数的差额。

连环替代法的分析过程如下:

①以计划数为基数	100×20×30＝60 000(元)
②第一次替换	110×20×30＝66 000(元)
②－①产量变动的影响	＋6 000(元)
③第二次替换	110×18×30＝59 400(元)
③－②单位产品材料消耗量变动的影响	－6 600(元)
④第三次替换	110×18×28＝55 440(元)
④－③材料单价变动的影响	－3 960(元)
合计	－4 560(元)

根据以上计算分析,实际产量比计划产量提高了10件,使得产品成本总额增加了6 000元;单位产品材料消耗量实际比计划减少了2千克,使得产品成本总额下降了6 600元;材料的价格实际比计划下降了2元,使得产品成本总额下降了3 960元,三个因素共同影响的结果是,材料成本总额实际比计划共降低了4 560元。

采用连环替代法进行成本分析时,应注意以下几个问题。

(1) 因素分解的相关性。影响经济指标的因素,必须是客观上存在着因果联系的导致该项经济指标产生差异的内在原因。

(2) 计算程序的连环性。计算过程必须严格按照因素排列的顺序,依次以一个因素的实际数替换基数,每次替换时已经替换过的因素使用实际数,尚未替换过的因素保留为基数。

(3) 因素替换的顺序性。各因素必须按其相互依存关系合理排序,依次计算每一个因素的影响程度。替换顺序一经确定,不得随意变更,否则同一因素替代的顺序不同,其对经济指标的影响程度将不相同,但所有构成因素综合影响程度不变。影响经济指标的各因素的确定顺序一般遵循如下原则:先数量指标后质量指标,先实物量指标后价值量指标,先主要指标后次要指标,如果影响某经济指标的因素相互之间是相除关系,则先分子指标后分母指标。

(4) 计算条件的假定性。运用这一方法在测定某一因素变动影响时,是以假定其他因素不变为条件的,因此计算结果只能说明是在某种假定条件下的结果。这种科学的抽象分析方法是在确定事物内部各因素影响程度时必不可少的。

2. 差额分析法

差额分析法是连环替代法的一种简化形式,是根据各因素的实际数与基数的差额,直接计算其对经济指标的影响程度的一种方法。该方法的基本原理与连环替代法一样,仍然要先确定影响因素及其排序。计算某因素的影响程度时,排在前面的因素用实际数计算,排在后面的因素用基数计算。

[同步案例 9-2] 沿用【例 9-1】中数据,用差额分析法的分析过程如下:

① 产量变动的影响=(110-100)×20×30=6 000(元)

② 单位产品材料消耗量变动的影响=110×(18-20)×30=-6 600(元)

③ 材料单价变动的影响=110×18×(28-30)=-3 960(元)

总影响合计:-4 560 元

上述计算结果与连环替代法的计算结果完全相同。

应当注意的是,并不是所有连环替代法分析都可以用差额分析法进行简化,尤其是在各影响因素不是连乘的情况下,运用差额分析法必须谨慎。

第三节 成本报表分析

一、全部商品产品成本表的分析

利用全部商品产品成本表,可以分析企业全部商品产品成本计划的完成情况和可比产品成本降低计划的完成情况。

(一) 全部商品产品成本计划完成情况分析

全部商品产品成本计划完成情况分析是一种总括性的分析,一方面可以对企业全部商品产品成本计划的完成情况有一个总括的了解,另一方面也可以对影响成本计划完成情况的因素进行初步的分析,为进一步分析指明方向。

进行全部商品产品成本计划完成情况的分析,可以通过比较全部商品产品本年实际总成本与按本年实际产量调整的计划总成本,计算成本降低额和成本降低率,分析企业在报告期成本计划的完成情况。具体计算公式为:

成本降低额 = 计划总成本 - 实际总成本

$= \sum [实际产量 \times (计划单位成本 - 实际单位成本)]$

成本降低率 = $\dfrac{成本降低额}{计划总成本}$

至于全部商品产品成本计划完成情况的分析,是在排除产量因素的影响之后,单纯分析由于单位成本的变动而对成本计划完成情况的影响,因此计划总成本和实际总成本都是基于实际产量计算的,此差异反映本年度所生产产品的实际单位产品成本与计划单位产品成本的不同而导致的总成本差异。

另外，可比产品还可以基于本年实际产量，计算本年实际总成本与上年实际总成本的差异，分析其成本变动的情况。

[同步案例9-3] 根据表9-1的资料，分析计算本年度该企业成本计划的完成情况。计算结果如表9-4所示。

表9-4 全部商品产品成本分析

20××年12月 单位：元

产品名称	实际产量	单位成本			总成本			降低额		降低率（%）	
		上年实际平均	本年计划	本年实际平均	按上年实际平均单位成本计算	按计划单位成本计算	本年实际	实际比计划	本年实际比上年实际	实际比计划	本年实际比上年实际
	①	②	③	④	⑤=①×②	⑥=①×③	⑦=①×④	⑧=⑥−⑦	⑨=⑤−⑦	⑩=⑧÷⑥	⑪=⑨÷⑤
甲产品	300	82	80	82	24 600	24 000	24 600	−600	0	−2.5	0
乙产品	500	65	64	63	32 500	32 000	31 500	500	1 000	1.56	3.08
可比产品合计					57 100	56 000	56 100	−100	1 000	−0.18	1.75
丙产品	200	—	50	51		10 000	10 200	−200		−2	
丁产品	600	—	60	59		36 000	35 400	600		1.67	
不可比产品合计						46 000	45 600	400		0.87	
全部产品合计						102 000	101 700	300		0.29	

根据表9-4的计算结果，该企业完成了本年度的总成本计划，但其中可比产品并没有完成成本计划，主要受甲产品没有完成计划所影响；不可比产品总体上完成了本年度成本计划，但其中的丙产品并没有完成成本计划。可比产品中甲产品成本本年与上年相比没有变化，而乙产品成本则降低了3.08%。后面的进一步分析，应针对成本变动较大的产品，总结经验、查找问题，找出后续成本管理的重点方向，提出可行的成本降低措施。

（二）可比产品成本降低计划完成情况分析

可比产品还需要进一步分析其成本降低计划的完成情况，查明影响可比产品成本升降的各种因素及其影响程度，找出控制成本、强化管理的途径。

可比产品成本降低计划，是在编制成本计划时制订的，计划总成本应比计划产量下按上年实际平均单位成本计算的总成本降低的任务,用可比产品成本计划降低额和计划降低率指标反映。可比产品成本降低任务的实际考核,是利用本年实际总成本比实际产量下按上年实际平均单位成本计算的总成本实际降低的结果,即可比产品成本实际降低额和实际降低率,分别与计划降低额和计划降低率进行比较,考察企业本年度可比产品成本降低计划的完成情况。

[同步案例 9-4] 沿用表 9-1 中资料,说明可比产品成本降低任务的完成情况,分析影响成本降低任务完成的因素及其影响程度。

根据表 9-1 的资料和表 9-4 的计算结果,可比产品成本计划降低额为 1 040 元,计划降低率为 1.92%,实际降低额为 1 000 元,实际降低率为 1.75%。可见,可比产品成本降低计划没有完成,实际比计划少降低 40 元或少降低 0.17%。

影响可比产品成本降低计划完成情况的因素主要有产品产量、产品品种结构和产品单位成本,利用连环替代原理可以分析三个因素对可比产品成本降低计划完成情况的影响程度。

1. 产品产量变动的影响

成本降低计划是根据计划产量制定的,实际降低额和实际降低率都是根据实际产量计算的,产量的增减变动必然会影响到可比产品成本降低计划的完成情况。但是,如果其他条件不变,即产品品种结构和单位成本不变,单纯产量的变动只会影响成本降低额,不会影响成本降低率。例如,假设本年度各种可比产品产量同比例增长 10%,则产品品种结构不会变化,如果单位成本也不变,则单纯产量变动后:

$$成本降低额 = \sum[(1+10\%) \times 计划产量 \times (上年实际平均单位成本 - 本年计划单位成本)]$$

$$成本降低率 = \frac{成本降低额}{\sum[(1+10\%) \times 计划产量 \times 上年实际平均单位成本]}$$

$$= \frac{\sum[(1+10\%) \times 计划产量 \times (上年实际平均单位成本 - 本年计划单位成本)]}{\sum[(1+10\%) \times 计划产量 \times 上年实际平均单位成本]}$$

$$= \frac{\sum[计划产量 \times (上年实际平均单位成本 - 本年计划单位成本)]}{\sum[计划产量 \times 上年实际平均单位成本]}$$

根据这一推论,单纯产量变动后的成本降低额可利用成本计划降低率来计算:

$$成本降低额 = \sum(实际产量 \times 上年实际平均单位成本) \times 计划降低率$$

[同步案例 9-5] 利用表 9-1 的资料,计算单纯产量变动的影响:

单纯产量变动后成本降低额 = [(300×82)+(500×65)]×1.92% = 1 096.32(元)

单纯产量变动对成本降低额的影响 = 1 096.32 - 1 040 = 56.32(元)

对成本降低率的影响 = 0

即单纯产量变动使得可比产品成本计划多完成了 56.32 元,对成本降低率没有影响。

2. 品种结构变动的影响

由于各种产品的成本降低程度不同,有的大有的小,有的节约有的超支,当本年度实际品种结构与计划品种结构不同时,就会导致全部可比产品成本降低额和成本降低率发生变动。当产品品种结构变动后:

$$成本降低额 = \sum[实际产量 \times (上年实际平均单位成本 - 本年计划单位成本)]$$

$$成本降低率 = \frac{成本降低额}{\sum(实际产量 \times 上年实际平均单位成本)}$$

将该成本降低额与单纯产量变动后的成本降低额进行比较,即是产品品种结构变动对成本降低额的影响;将该成本降低率与成本计划降低率进行比较,即是产品品种结构变动对成本降低率的影响。

[同步案例 9-6] 利用表 9-1 的资料,计算产品品种结构变动的影响:

品种结构变动后的成本降低额 = 300 × (82 − 80) + 500 × (65 − 64) = 1 100(元)

品种结构变动后的成本降低率 = 1 100/57 100 = 1.9264%

品种结构变动对成本降低额的影响 = 1 100 − 1 096.32 = 3.68(元)

对成本降低率的影响 = 1.9264% − 1.92% = 0.0064%

即品种结构变动使得成本降低任务多完成了 3.68 元,降低率多完成了 0.0064%。

3. 单位成本变动的影响

可比产品成本计划降低额是以本年度计划单位成本与上年度实际单位成本相比较来确定的,而实际降低额是以本年度实际单位成本与上年度实际单位成本相比较来确定的。因此,当本年度实际单位成本比计划单位成本升高或降低时,就会导致成本降低额和成本降低率发生变动。根据连环替代的原理,单位成本变化时的成本降低额即为实际成本降低额,而成本降低率则为实际成本降低率,将此降低额和降低率与前一次替代的结果进行比较,就是产品单位成本变动的影响。

[同步案例 9-7] 利用表 9-1 的资料,计算产品单位成本变动的影响:

单位成本变动后的成本降低额 = 成本实际降低额 = 1 000(元)

单位成本变动后的成本降低率 = 成本实际降低率 = 1.75%

单位成本对成本降低额的影响 = 1 000 − 1 100 = −100(元)

对成本降低率的影响 = 1.75% − 1.9264% = −0.1764%

即单位成本的变动使得成本降低额少完成了 100 元,降低率少完成了 0.1764%。

综合上述三个因素,对成本降低计划完成情况共同影响的结果是:

成本降低额 = (−100) + 3.68 + 56.32 = −40(元)

成本降低率 = (−0.1764) + 0.0064 = −0.17%

三个因素共同影响的结果,使成本降低额少完成了 40 元,降低率少完成了 0.17%。

根据以上分析，单纯产量的变动使得成本降低额多完成了 56.32 元，产品品种结构的变动使得成本降低额多完成了 3.68 元，而单位成本的变动则使成本降低计划少完成了 100 元。也就是说，本年度成本降低任务没有完成，主要是由于产品单位成本的变动引起的，应进一步分析各种可比产品的单位成本，找出导致成本降低任务没有完成的根本原因。

关于可比产品成本降低计划完成情况影响因素的分析，还可以采用一种简化的方法，即余额推算法，它实际上是差额分析法的演变。

首先计算单位成本变动对成本降低计划完成情况的影响。根据因素分析的基本原理，单位成本变动的影响应在实际产量、实际品种结构的基础上，分析产品单位成本由计划成本变为实际成本对成本降低额和降低率的影响，具体计算公式为：

$$对成本降低额的影响 = \sum[实际产量 \times (本年计划单位成本 - 本年实际平均单位成本)]$$
$$= 300 \times (80 - 82) + 500 \times (64 - 63) = -100(元)$$

$$对成本降低率的影响 = \frac{对成本降低额的影响}{\sum(实际产量 \times 上年实际平均单位成本)}$$
$$= \frac{-100}{57100} = -0.1751\%$$

其次，由于成本降低率只受产品品种结构和单位成本两个因素的影响，可以倒推出产品品种结构对成本降低率的影响，同时计算其对成本降低额的影响。

$$品种结构对成本降低率的影响 = (-0.17\%) - (-0.1751\%) = 0.0051\%$$
$$对成本降低额的影响 = 0.0051\% \times 57\,100 = 2.91(元)$$

最后，利用余额推算法可以倒推出单纯产量变动对成本降低额的影响。

$$单纯产量变动对成本降低额的影响 = (-40) - (-100) - 2.91 = 57.09^*(元)$$

（*受到四舍五入结果的影响，数值存在细微差异）

二、主要产品单位成本表的分析

利用主要产品单位成本表，可以分析企业某种主要产品单位成本计划的完成情况、单位成本的变动情况，各成本项目的计划完成情况和变动情况，还可以分析其技术经济指标的变动及其对产品单位成本的影响，查明产品单位成本升降变动的具体原因。

（一）主要产品单位成本的一般分析

主要产品单位成本的一般分析，是对各种主要产品单位成本的计划完成情况及其变动情况进行总体分析，将本期实际单位成本与历史最好水平、上年实际平均单位成本和计划单位成本分别进行比较，了解企业主要产品单位成本变动的情况以及成本计划的完成情况。然后再按成本项目分别进行比较，考察每个成本项目的成本变动情况和成本计划的完成情况。

以表 9-2 的数据为例,甲产品本月单位成本比上年实际平均单位成本有所降低,本年累计实际平均单位成本与上年实际平均单位成本持平,本月和本年的成本计划均未完成,需要进一步分析各成本项目的成本计划完成情况,及影响成本计划完成情况的各种因素,找到成本控制的方向。通过对产品成本项目的进一步分析发现,本月与上年实际平均进行比较,产品单位成本的降低主要是因为制造费用的节约,说明企业在提高劳动效率等方面做得较好;而直接工资成本有所上升,有可能是企业内部劳动组织方面的问题,也有可能是劳动力市场普遍涨价的原因,如果是后者,则是企业无法控制的因素。本年累计实际平均与上年实际比较,直接工资上涨、材料成本节约,单位成本总额没有变化。本月与本年累计实际平均的直接材料成本都低于计划指标,而直接工资成本都有上涨,本月的制造费用刚好完成计划指标,而本年累计实际平均制造费用则没有完成成本计划。为了查明影响各成本项目成本计划完成情况和成本变动的原因,还可进一步采用连环替代法分析各成本项目的影响因素及其影响程度。

(二) 成本项目分析

产品单位成本的高低,与企业的生产技术条件、生产组织状况、经营管理水平,以及采取的技术措施等有很大的关联。因此,应该结合企业这些方面的资料,分成本项目查明影响成本升降的具体原因,分析影响各成本项目的具体因素及其影响程度,以便企业采取有效的措施降低成本、提高经济效益。

下面结合表 9-2 的数据,运用比较分析法和因素分析法,进一步分析本年度甲产品各成本项目的成本计划完成情况,影响成本项目成本计划完成情况的具体因素及其影响程度。

 1. 直接材料成本项目的分析

单位产品直接材料成本主要受单位产品原材料消耗量和原材料价格两个因素的影响,其计算公式为:

材料消耗量变动的影响=(实际单耗-计划单耗)×计划单价

材料单价变动的影响=实际单耗×(实际单价-计划单价)

[同步案例 9-8] 假设生产甲产品需要耗用 A、B 两种材料,本期各种材料的消耗量及价格资料如表 9-5 所示。

表 9-5 甲产品直接材料分析表

项目	单耗(千克)		单价(元/千克)		单位成本(元)	
	计划	实际	计划	实际	计划	实际
A 材料	20	20	2.5	2.6	50	52
B 材料	17	19	3	2.6	51	49.4
合计	—	—	—	—	101	101.4

从表 9-5 可以看出，单位产品直接材料实际比计划降低了 2 元，其中：

材料消耗量变动的影响＝(20－20)×2.5＋(19－17)×3＝6(元)

材料单价变动的影响＝(2.6－2.5)×20＋(2.6－3)×19＝－5.6(元)

两因素影响的合计＝6＋(－5.6)＝0.4(元)

可见，甲产品本年度实际平均材料成本比计划成本增加 0.4 元，主要是因为材料的单位耗费量增加了，A 材料价格上涨但 B 材料价格下跌幅度较大，总体上使直接材料成本下降了 5.6 元；而 B 材料的单位耗费量增加，使得直接材料成本上升了 6 元。材料价格导致的成本下跌不足以弥补料消耗量增加导致的实际成本上升，因此最终直接材料成本实际比计划上涨了 0.4 元。

材料价格的变动主要受市场价格变动或国家政策的影响，企业内部对其影响较小；而材料消耗量的变动则主要是由于企业生产组织、生产管理和生产技术条件等各方面原因导致的。影响单位产品原材料消耗量变动的因素有很多，归纳起来主要有：材料质量的变化、产品或其零部件结构的变化、产品生产工艺和操作方法的改变、代用材料的使用、配料比的变化和原材料的综合利用等。此外，生产工人的劳动态度、技术操作水平、机器设备性能以及材料节约奖励制度的实施等，都会影响原材料消耗数量的变动。

2. 直接工资成本项目的分析

单位产品直接工资成本的分析必须结合工资制度和工资费用计入成本的具体方法进行。计件工资制下，由于计件单价不变，单位成本中的直接工资成本一般不会发生变化。计时工资制下，若企业只生产一种产品，则其单位人工成本的高低主要受生产工人工资总额和产品产量两个因素的影响；若企业生产多种产品，产品成本中的工资成本一般是按生产工时比例分配计入各产品，则各产品工资成本的高低受生产单位产品的工时消耗和小时工资率两个因素的影响。各影响因素影响程度的计算公式为：

单位工时变动的影响＝(实际工时－计划工时)×计划小时工资率

小时工资率变动的影响＝实际工时×(实际小时工资率－计划小时工资率)

直接工资成本中单位产品工时消耗的高低反映了劳动生产率水平的高低，劳动生产率水平越高，单位产品的工时消耗量越少，它所分配的人工成本也就越低。劳动生产率的高低主要受生产工人劳动技术熟练程度、工作态度、产品的工艺设计、机器设备的性能、材料的质量等因素的影响。小时工资率的大小受直接工资成本总额和生产工时总额两个因素的影响，而生产工时总额又直接取决于出勤率和工时利用率的高低。

3. 制造费用成本项目的分析

制造费用成本项目归集的成本包括企业各生产单位为组织和管理生产所发生的全部支出，如固定资产折旧费、维修费、低值易耗品摊销费、车间办公费、水电费等。

制造费用的分析原理与直接工资的分析原理基本相同，不同的是，制造费用中有一部分固定性费用，其单位成本会受到产品产量的直接影响。因此，对制造费用成本项目进行分析时，最好将其分解为变动性制造费用和固定性制造费用两部分，其中变动性制造费用与直接工资成本的分析类似，固定性制造费用主要受其支出总额和产品产量两个因素的影响。其计算公式为：

$$产量变动对单位成本的影响 = \left(\frac{1}{实际总产量} - \frac{1}{计划总产量}\right) \times 计划固定制造费用$$

$$固定成本变动对单位成本的影响 = \frac{1}{实际总产量} \times (实际固定制造费用 - 计划固定制造费用)$$

◇ 练习与思考

二维码 9-2
综合题答案

一、综合题

1. 某企业全年生产甲、乙两种产品，年度成本计划及执行情况如表 9-6 所示。

表 9-6　甲、乙两种产品年度成本计划及执行情况

产品	产量（件）		单位成本（元）		
	计划	实际	上年实际平均	本年计划	本年实际平均
甲产品	1 000	950	110	100	105
乙产品	500	510	82	80	83

要求：根据以上资料，分析全部商品产品成本计划完成情况。

2. 某企业本年度继续生产 A、B 两种产品，其成本资料如表 9-7 所示。

表 9-7　产品 A、B 成本资料

产品	产量（件）		单位成本（元）		
	计划	实际	上年实际平均	本年计划	本年实际平均
A 产品	400	420	55	52	50
B 产品	200	180	78	75	76

要求：根据以上资料，分析可比产品成本降低计划完成情况。

3. 某企业生产某产品，本年累计实际平均使用甲材料 16 千克/件，本年甲材料的实际采购成本为 85 元/千克；该企业标准成本系统规定，甲材料的单位采购价格应为 84 元/千克，每件产品应使用甲材料 15 千克。

要求：根据以上资料，分析该企业所用甲材料的成本计划完成情况。

二、思考题：

1. 什么是成本报表？企业成本报表有哪几种？
2. 成本报表的编制和分析的意义是什么？
3. 什么是成本分析？成本分析的重点内容有哪些？
4. 如何分析全部商品产品成本计划的完成情况？
5. 如何进行可比产品成本降低计划完成情况的分析？
6. 如何进行主要产品单位成本的分析？

二维码 9-3
思考题
答题思路

◇ **本章知识链接**

1. 企业产品成本会计编审委员会.企业产品成本会计核算详解与实务[M].北京：人民邮电出版社，2020.
2. 查尔斯·T·亨格瑞，斯里坎特·M·达塔尔，马达夫·V·拉詹.成本与管理会计[M].15版.王立彦，刘应文，译.北京：中国人民大学出版社，2016.

参 考 文 献

[1] 贺志东.企业成本会计操作指南[M].北京:电子工业出版社,2014.
[2] 企业产品成本会计编审委员会.企业产品成本会计核算详解与实务[M].北京:人民邮电出版社,2020.
[3] 张胜.做顶尖成本会计应知应会150问[M].北京:中国海关出版社,2011.
[4] 郑丁旺,汪泱若,张锡慧,等.成本与管理会计:成本会计分册[M].北京:中国人民大学出版社,2014.
[5] 中国注册会计师协会.财务成本管理[M].北京:中国财政经济出版社,2021.
[6] 中国资产评估协会.资产评估相关知识[M].北京:中国财政经济出版社,2021.
[7] 宗成典.定额成本法在公立医院成本管控中的应用[J].会计师,2017(6):71-72.
[8] 查尔斯·T·亨格瑞,斯里坎特·M·达塔尔,马达夫·V·拉詹.成本与管理会计[M].15版.王立彦,刘应文,译.北京:中国人民大学出版社,2016.
[9] 雷 H.加里森,埃里克 W.诺琳,彼得 C.布鲁尔.管理会计[M].16版.王满,译.北京:机械工业出版社,2018.
[10] 斯坎特·达塔,马达夫·拉詹.管理会计——决策制定与业绩激励[M].王立彦,谌嘉席,郭放,译.北京:中国人民大学出版社,2015.

后　　记

《成本会计学》是江汉大学商学院系列教材之一,编写组老师在长期的教学和教材选用中有非常多的经验和体会。在经济环境、教育行业、会计行业等发生重大变革的情况下,为更好地满足地方性大学学生的学习需求,为更好地适应会计知识的更新变化,为更好地将数字化资源等融入教材,我们经过多次的讨论,达成了一致的编写理念:会计准则、会计制度等是编写教材主体内容的基础,日常教学情况是确定教材侧重点的依据,学生能力培养是编写教材的目的,教学水平的提升是编写教材的反映。在此理念的指导下,编写组老师经过若干次的打磨、修改,共同编写了这本教材。

当前,在大数据、人工智能等新兴技术的引领下,教育行业和会计行业都面临着较大的变革和冲击,新知识、新准则的更新速度越来越快,受教材出版周期的限制,这几年多次出现教材不能及时更新相关知识变化的问题。因此,为尽量避免这一问题的出现,这本《成本会计学》教材的最大特色是:不容易发生变化的成本会计基础知识在教材中予以直观呈现,容易发生变化的一些前沿知识、案例分析、课后练习等在教材中通过数字化资源予以呈现,在教材使用过程中,我们将根据知识、准则的变化及时更新后台资源。

由于编写组各位老师的时间和精力有限,教材中仍存在一些缺点甚至谬误,在此恳请广大读者批评指正。

这次编写只是一个开始,后续我们还会不断地对教材进行修订和优化,使其能够紧跟时代发展,反映学科的最新进展,为广大师生服务。

2022 年 2 月

与本书配套的二维码资源使用说明

  本书部分课程及与纸质教材配套数字资源以二维码链接的形式呈现。利用手机微信扫码成功后提示微信登录,授权后进入注册页面,填写注册信息。按照提示输入手机号码,点击获取手机验证码,稍等片刻收到4位数的验证码短信,在提示位置输入验证码成功,再设置密码,选择相应专业,点击"立即注册",注册成功。(若手机已经注册,则在"注册"页面底部选择"已有账号? 立即注册",进入"账号绑定"页面,直接输入手机号和密码登录。)接着提示输入学习码,需刮开教材封面防伪涂层,输入13位学习码(正版图书拥有的一次性使用学习码),输入正确后提示绑定成功,即可查看二维码数字资源。手机第一次登录查看资源成功以后,再次使用二维码资源时,只需在微信端扫码即可登录进入查看。